…JOURA. — UN SOMALI.

CHAPEAU, HERR RIMBAUD

Szenario und Zeichnungen
Christian Straboni

Dialoge
Christian Straboni
Laurence Maurel

Übersetzung:
Marie Luise Knott

Lettering:
Johannes Knöspel
Falk Nordmann

Matthes & Seitz Berlin

Für Mimi
Christian Straboni
Für meine Eltern
Laurence Maurel

Dank an Seb, Alain, Monsieur Guy, Edith, Emma, Véronique und Bérengère für ihre Ermutigungen; an Dominique Azan für die Tuschezeichnungen am Anfang der Kapitel; an Rotomago, der mich so freigiebig an seinem enzyklopädisches Wissen über den amerikanischen Comic teilhaben ließ; an Richard und Emmanuel für ihre unendliche Geduld; und an meinen Vater, Jean-Philippe Straboni, für seine Übersetzungen ins Korsische. Für diesen Comic haben wir auf wichtige Informationen in den Werken der Rimbaldianer zurückgreifen können, allen voran auf die Arbeiten von Alain Borer, Claude Jeancolas und Jean-Jacques Lefrère … ihnen allen danken wir.

Und danke auch an Jules Verne.

PROLOG

Jean-Roch Folelli, 1863
Ange Macadri
PHOTOGRAPHE
À BASTIA

INSTITUT ROSSAT, CHARLEVILLE
Arthur Rimbaud
Classe de sixième, 1864

IM ALTER VON ZWÖLF JAHREN HABE ICH DEN DORFPFARRER UMGEBRACHT ... DAMALS, IM FRÜHSOMMER 1866, HERRSCHTE IN DER BERGWELT KORSIKAS NOCH DIE BLUTRACHE, UND DER POPE HATTE ES VERDIENT.
ET NE NOS INDUCAS IN TENTATIONEM SED LIBERA NOS A MALO.
AMEN.
IN NOM...
GIRA DI, U CURATU!
?
KLICK
IN NOMINE PATRIS ET FILII ...
BLAM
AM SELBEN TAG EMPFING ARTHUR RIMBAUD IN CHARLEVILLE IN DEN FRANZÖSISCHEN ARDENNEN DIE ERSTE HEILIGE KOMMUNION. IN DIESEM LEBEN SIND DIE KARTEN NICHT GLEICH VERTEILT.
CORPUS CHRISTI ...

Für einen Araber gehört es zu den wichtigsten Dingen, den König der Heuschrecken unter seine Gewalt zu bekommen.

Leutnant Fréderic Rimbaud,
Revue d'Orient, 1852

I. Kapitel:

Rimbaud und Ich

... in dem es um einen Reisenden,
einen verschollen geglaubten Dichter,
eine Karawane, einen Schakal und
einen italienischen Strohhut geht.

AN EINEM GLÜHENDHEISSEN TAG IM JULI 1886 HATTE MICH DIE DAU AUS ADEN IN TADJOURA, AN DER SOMALISCHEN KÜSTE ABGESETZT. AM ÖSTLICHSTEN ZIPFEL DES HORNS VON AFRIKA ...
DER STRAND VIBRIERTE IN DER HITZE, MÄNNER UND KAMELE – EIN REGLOSES SCHAUSPIEL.
BEISSENDER GERUCH UND MILLIONEN FLIEGEN ZUM EMPFANG.
UND ICH – EIN FREMDER AUF FREMDEM GRUND.

EIN WARMER WIND HATTE SICH ERHOBEN UND MIT DEN FLIEGEN AUCH DAS GEFÜHL DER FEINDSELIGKEIT VERTRIEBEN.
ICH BAHNTE MIR EINEN WEG DURCH DIE MATTEN ZIEGEN, UND BEGAB MICH AUF DIE SUCHE NACH LEONCE VANDERMOUCK.
AUS SEHNSUCHT NACH SEINER HEIMAT VERMIETETE DER BELGISCHE KAFFEE-HÄNDLER GELEGENTLICH ZIMMER AN DURCHREISENDE EUROPÄER.
ICH WAR FÜNFZEHN JAHRE EISENWARENHÄNDLER IN NAMUR UND MUSS SAGEN: DAS HIER IST ETWAS GANZ ANDERES!
WAS MEINEN SIE? NAMUR IST ANDERS ALS TADJOURA?
NEIN, FOLELLI, KAFFEE IST ETWAS ANDERES ALS EISEN ...
DAHUT & VANDERMOUCK NÉGOCIANTS EN CAFÉ DU HARAR
EIN SCHWÄTZER, DER VOM HÖLZCHEN AUFS STÖCKCHEN UND VOM HAHN AUF DEN ESEL KAM – ZWEI TIERE, DIE GUT ZU IHM PASSTEN.
TADJOURA IST NICHT MAL EIN DORF. NEGER, ZIEGEN, ARABER UND KAMELE! WAS BLEIBT EINEM DA ANDERES, ALS DEN LIEBEN LANGEN TAG QAT ZU KAUEN ...
EIN BRANDY GEFÄLLIG?
TATSÄCHLICH, LEONCE VANDERMOUCK WAR SELBST-ZUFRIEDEN WIE EIN HAHN UND STUR WIE EIN ESEL ...
HABEN SIE GESEHEN, WIE DÜRR HIER ALLES IST? UNGLAUBLICH DÜRR. MÄNNER, FRAUEN, ZIEGEN, SOGAR DIE BÄUME.
EIN GESCHUN-DENES LAND ...
GESCHUNDEN – DA KOMME ICH GERADE RECHT.

DAS GEMECKER DER ZIEGEN,
DAS GEMURMEL DER KRIEGER,
DAS KICHERN DER HYÄNEN,
DAS SIRREN DER MÜCKEN,
EIN FLIRRENDER KLAGECHOR ...
Määäööööö
?
Peng!
SEHEN SIE MAL: RIMBAUDS KLEINER ZEITVERTREIB. UND SIE, MONSIEUR FOLELLI? GERADE ANGEKOMMEN AUS ADEN, SOVIEL ICH WEISS?
WIE SCHNELL HIER ALLES DIE RUNDE MACHT, SOLDAT.
QUARTIERMEISTER LE DANTEC, MONSIEUR FOLELLI.
ES IST MEINE PFLICHT, ZU WISSEN, WAS IN DIESEM KAFF GESCHIEHT. WIR WERDEN UNS BALD WIEDERSEHEN, TADJOURA IST NICHT GERADE GROSS.
NILPFERDE MÖGEN KEINE FRANGUIS, NICHT WAR, ABDU RIMBO?
WIE SCHÖN, DJAMI, DASS ES MIR GELUNGEN IST, DICH ZU UNTERHALTEN. DIESES EWIGE WARTEN ...
LE PRAXINOSCOPE A projection

SPÄTER AM ABEND TRAF ICH VANDERMOUCK IN HOCHSTIMMUNG AN.
SEIT GUT SECHS JAHREN IST RIMBAUD HÄNDLER IN ÄTHIOPIEN. ER SPRICHT ARABISCH, AMHARISCH, UND DEN GERÜCHTEN ZUFOLGE IST ER MOHAMMEDANER. FAST EINER VON IHNEN!
EINEN SHERRY GEFÄLLIG?
DAHUT & VANDERMOUCK NÉGOCIANTS
ER STAMMT AUS CHARLEVILLE, IN DEN ARDENNEN, ETWAS MEHR ALS HUNDERT KILOMETER VON NAMUR ENTFERNT. FAST EIN LANDSMANN. ABER ER HASST CHARLEVILLE ABGRUNDTIEF.
NUR NAMUR HASST ER NOCH MEHR, SAGT ER.
NAMUR! BELGIEN! ERST LETZTES JAHR HAT UNSER GUTER KÖNIG LEOPOLD EIN STÜCK LAND ERWORBEN, GRÖSSER ALS BELGIEN, DEN KONGO. HIER IN AFRIKA STEHEN UNS BLÜHENDE GESCHÄFTE BEVOR!
ZZZ ZZZ
ICH FRAGE MICH, FOLELLI, WIRD DER KAFFEE MEIN SCHICKSAL SEIN?
DER KONGO RUFT! WIRD DIE EINSAMKEIT DORT WENIGER GRAUSAM SEIN? WAS ERWARTET MICH? EIN TRAUTES HEIM, DIE LIEBE EINES WEIBES?
BLÜHENDE GESCHÄFTE? FÜR WEN? FÜR LEOPOLD ODER FÜR DIE AFRIKANER?
FÜR DIE AFRIKANER? DU MACHST VIELLEICHT SCHERZE!
LIEBE, SCHICKSAL, KAFFEE ...
GROSSE FRAGEN ZU SPÄTER STUNDE. GUTE NACHT, VANDERMOUCK ...
die sitzhaften: knie unterm kinn, grüne klavierspieler
mit zehn knochen unterm sitz, das nennt sich dann trommeln.
diese musiker schlürfen den SOUND ihrer miesen BAR karolen
ihre schädel äffen das schlingern der liebe nach.
DAHUT & VANDERMOUCK NÉGOCIANTS EN CAFÉ DU HARAR

VORWÄRTS, MONSIEUR THIERS!
HOCH, ALTER GAUL!
VIELLEICHT MAG ER SEINEN NAMEN NICHT.
AUCH EIN ÄTHIOPISCHER MAULESEL HAT HEUTZUTAGE SO SEINE EMPFINDSAMKEITEN. IHN NACH DEM SCHLÄCHTER DER PARISER COMMUNE ZU NENNEN, ZEUGT VON ZIEMLICH WENIG FEINGEFÜHL!

DANN FÄLLT ES MIR LEICHTER, IHN ZU SCHLAGEN. FÜNFZIG TALER! DER ARABER, DER MIR DIESEN KLEPPER VERKAUFT HAT, SCHLÄGT SICH SICHER LÄNGST DEN BAUCH VOLL.
WILLKOMMEN IN ZIEGENSTADT!!
HIEEP!! AUF, MONSIEUR THIERS!
ARTHUR RIMBAUD, HÄNDLER ...
JEAN ROCH FOLELLI, AUF DER DURCHREISE.
EINEN GUTEN TAG, FOLELLI. UND BLEIBEN SIE IN SEINER NÄHE, FÜR DEN FALL, DASS MONSIEUR THIERS UNTERWEGS AUF DIE IDEE KOMMT, AN ALTERSSCHWÄCHE ZU STERBEN.
DJAMI, NIMM DEN SCHIRM WEG!
UND, ZOETEMELK? WIE SIND IHRE ERSTEN EINDRÜCKE VON ÄTHIOPIEN?
POTFERDEK! EKELHAFT. DIESE FLIEGEN! UND DIESER GESTANK!
SIE SCHREIBEN ALSO EIN BUCH ÜBER ÄTHIOPIEN UND DEN KRIEG IM KÖNIGREICH SHOA? WERDEN SIE LANGE BLEIBEN?
ZWEI TAGE IN DIESER KLOAKE MÜSSEN REICHEN, DANN GEHT'S ZURÜCK NACH KAIRO.
ICH ZÄHLE AUF SIE, LIEBER LANDSMANN, SIE MÜSSEN EIN PAAR PITTORESKE GESCHICHTEN ÜBER DIESE WILDEN BEISTEUERN, DAMIT MEIN WERK EINE AUTHENTISCHE NOTE ERHÄLT.

GLAUBEN SIE MIR, DIESE NEGER REIBEN SICH IN DER HOCHZEITS-NACHT DEN GANZEN KÖRPER MIT BUTTER EIN.
MIT BUTTER !?!
DABEI SIND SIE VOR ALLEM EINES: DÜRR!
SO VIEL DÜRRE ÜBERALL, DAS VERSTEHE ICH NICHT...
WAS HALTEN SIE VON EINEM ABSINTH, UM DEN DURST ZU LÖSCHEN?
ACH, DA IST JA LE DANTEC!
JULIUS ZOETEMELK, NEHME ICH AN. BELGISCHER STAATSBÜRGER, SCHRIFTSTELLER UND KORRESPONDENT DER ZEITUNG *L'AMI DE L'ORDRE* AUS NAMUR. ZWEI BELGIER IN TADJOURA, DAS IST FAST EINE INVASION!
EINE FRIEDLICHE, IMMERHIN.
ES GIBT ALSO NICHT NUR NEGER HIER?
NICHT WEIT ENTFERNT, IM BAGNO VON OBOCK, HABEN WIR DAS GANZE GESINDEL AUS DEN KOLONIEN ZUSAMMENGETRIEBEN. DAS IST EIN HAUFEN, GLAUBEN SIE MIR!
DIESES SCHLITZAUGE DACHTE, ES KÖNNE ABHAUEN! WENN ES NACH MIR GINGE, WÜRDE ICH BEI SOLCHEN VORFÄLLEN KURZEN PROZESS MACHEN.
QUARTIERMEISTER! ICH ERINNERE SIE DARAN, DASS WIR HEUTE UNSEREN NATIONALFEIERTAG BEGEHEN. 21. JULI! ICH ERWARTE SIE ZU UNSEREM KLEINEN EMPFANG.
SEHR FREUNDLICH ...

WIE SCHÖN, RIMBAUD, DASS SIE ZU MEINEM KLEINEN EMPFANG GEKOMMEN SIND. WAS HALTEN SIE VON EINEM COGNAC?
DERART ÜBERZIVILISIERTE ALKOHOLIKA NEHME ICH NICHT MEHR ZU MIR. DARF ICH UM EIN GLAS TEDJ BITTEN?
FOLELLI, ICH HABE SOEBEN EINEN BERICHT ÜBER SIE ERHALTEN, SIE HABEN VERSCHWIEGEN, WAS FÜR EIN GROSSER REISENDER SIE SIND. ADEN, INDIEN, CEYLON ... DANACH VERLIERT SICH DIE SPUR.
DER BELGIER IN MIR WIRD NIE VERSTEHEN, WIE MAN AUCH NUR EINEN SCHLUCK VON DIESEM BIERERSATZ RUNTERBRINGT, RIMBAUD. WOLLEN SIE EINE ZIGARRE?
!
RIMBAUD? ARTHUR RIMBAUD? DAS KANN DOCH NICHT WAHR SEIN. WISSEN SIE, IN PARIS, WO ICH NOCH VOR DREI MONATEN WAR, GLAUBT MAN, SIE SEIEN IRGENDWO IN ASIEN UMGEKOMMEN.
?
ABER ICH SOLLTE MICH VORSTELLEN: JULIUS ZOETEMELK, JOURNALIST, SCHRIFTSTELLER UND DICHTER, WENN ES DIE ZEIT ZULÄSST, VIELLEICHT KENNEN SIE MEINE „ODEN AN DIE WALLONEN“?
LÉOPOLD II
Jules GRÉVY
TING
EIN KLEINER KREIS NAIVER EXALTIERTER JUNGER LEUTE AUS DEM QUARTIER LATIN HAT SIE ZUM DICHTERKÖNIG ERKOREN. UND VERLAINE HAT FRÜHE GEDICHTE VON IHNEN HERAUSGEGEBEN.
DURCH EINE UNGLAUBLICHEN ZUFALL HABE ICH DIE ZEITSCHRIFT DABEI.
ES IST UNS EINE EHRE, SIE BEI UNS ZU HABEN, SULTAN. SIE WISSEN JA, WIE SEHR ICH IHR LAND UND SEINE BEWOHNER SCHÄTZE!
EINE ZIGARRE?

… „AM FUSSENDE DES HIMMELBETTES, WO SIE HINGEBREITET LAG: IHRE BEGEHRTEN PREZIOSEN, DAS GANZE PRACHTSTÜCK IHRES KÖRPERS, WURDE ICH ZU EINEM AUFDRINGLICHEN BÄREN MIT VIOLETTEM MUNDFLEISCH UND KUMMERFAHLEM FELL“…
La Vogue
ALS MENSCH VON BILDUNG MUSS ICH IHNEN SAGEN: IHRE „ILLUMINATIONEN“ SIND ZIEMLICH DÜSTER …
KROTSCH
PTU
HABEN SIE FEUER, RIMBAUD?
POCK
NUN, VANDERMOUCK! UNSER UNERSCHROCKENER FREUND AUS NAMUR SCHEINT VOR ANGST OHNMÄCHTIG GEWORDEN ZU SEIN.
DABEI HABE ICH IHN NICHT EINMAL BERÜHRT …
KOMMEN SIE, RIMBAUD, WIR GEHEN AN DEN STRAND.
ZOETEMELK UND SIE HABEN WOHL NICHT DIE GLEICHE IDEE VON LITERATUR.
ICH PFEIFE AUF DIE LITERATURIDEEN DIESES SCHUNDSCHREIBERS UND SCHAUMSCHLÄGERS!

ICH ERTRAGE DIESE NICHTSNUTZE NICHT, DIE IHRE ZIGARREN MIT DEN ZÄHNEN KÖPFEN.
SIE SIND ALSO EIN DICHTER, RIMBAUD?
RINNSALE, NICHTS ALS RINNSALE. DICHTERWORTE, FREUNDESORTE, ALLES ALTE GESPENSTER.
VOR LANGER ZEIT HABE ICH DIE DICHTUNG ZUM TEUFEL GEJAGT. SIE WAR MAL MEIN PROJEKT. INZWISCHEN HABE ICH TAUSEND ANDERE PROJEKTE. DIE KUNST IST EINE TORHEIT.
WENN SIE DAS SAGEN ...
LIEBER SPRECHE ICH ÜBER EICHGERÄTE, RECHENHILFEN, ODER AUCH VON EINEM BEWIRTSCHAFTUNGS-HANDBUCH ....
NUR DIE NATURWIS-SENSCHAFT ZÄHLT.
SO SCHMOREN WIR IN DIESEM LOCH WIE IN EINEM KALKOFEN. WELCH SCHRECKLICHES WARTEN!
ZU FUSS, ZU PFERDE ODER AUF DEM RÜCKEN EINES KAMELS – NUR SICH REGEN BRINGT SEGEN.
ICH MUSS FORT. ICH SPÜRE, WIE RASCH ICH ALTERE IN GESELLSCHAFT DIESER WILDEN UND SCHWACHKÖPFE.
WAS HÄLT SIE HIER?
EINE LIEFERUNG. 1800 GEWEHRE UND 80 000 SCHUSS, FOLELLI. DIE HÄNGEN HIER SEIT ÜBER SECHS MONATEN FEST.
UND ICH MIT IHNEN.

UND WEM WOLLEN SIE DIESE WAFFEN VERKAUFEN, WENN DAS NICHT INDISKRET IST?
DOCH, IST ES, ABER ALLE WISSEN ES HIER. DIE GEWEHRE SIND FÜR MENELIK, DEN KÖNIG VON SHOA. ER BRAUCHT SIE FÜR SEINEN KRIEG GEGEN SULTAN ABDULACCHI ...
ABER WIE MAN SICH DREHT UND WENDET – ALLES LÄUFT SCHIEF. ALS OB IN ABESSINIEN DER TEUFEL DAS SAGEN HÄTTE. ERST DER KAMELTREIBERSTREIK, DANN DIE ENDLOSEN VERHANDLUNGEN MIT DEM SULTAN VON TADJOURA ...
ZU ALLEM ÜBEL IST MEIN MITSTREITER LABATUT ZUM STERBEN NACH FRANKREICH GEGANGEN, UND JETZT WARTE ICH IMMER NOCH AUF DIE GENEHMIGUNGEN DER FRANZÖSISCHEN DIPLOMATIE.
EINE ZIGARRE GEFÄLLIG?
MIT DEN BESTEN EMPFEHLUNGEN VON VANDERMOUCK, DEM ALTEN SÄUFER. DER WEISS, WAS EINE GUTE HAVANNA IST.
KRIIITSCH
KRITSCH
SAGTEN SIE NICHT, SIE MÖGEN KEINE MENSCHEN, DIE IHRE ZIGARREN MIT DEN ZÄHNEN KÖPFEN?
PTU
DUMMKÖPFE KANN ICH NICHT LEIDEN, FOLELLI ...
ICH KÖPFE DIE DUMMKÖPFE.
PSSCHIIII
Sanft wie der Herr der Zedern & Ysopen
pisse ich gegen die braunen Himmel
- very far & very high -
unter dem Beifall der grossen Heliotropen

IN DEN FOLGENDEN WOCHEN ERKUNDETE ICH AUF DEM RÜCKEN EINES ESELS DAS HINTERLAND.
VORWÄRTS, MONSIEUR THIERS!
VORWÄRTS, ODER ICH WERDE DIR DIE RIPPEN TRAKTIEREN!
WHUMP
MONSIEUR THIERS!
ABER!?!
STÖRRISCHER ESEL! EINFACH SO, OHNE VORANKÜNDIGUNG ZUSAMMENZU-KLAPPEN?
TRÄUME ICH, ODER BEWEGT SICH SEIN KÖRPER NOCH?
?
KIIAIIE
HAU AB!
POCK!!
AASFRESSER, DU KÖNNTEST ZUMINDEST WARTEN, BIS ICH MONSIEUR THIERS ABGE-SATTELT HABE.
ARF
BÄÄÄNG

!?
DIESER DRECKS-SCHAKAL. BITTE KEINEN DANK, FOLELLI, DIE BEKÄMPFUNG VON PLAGEN GEHÖRT ZU MEINER ARBEIT.
ICH KAUTE GERADE GENÜSSLICH MEINEN QAT, ALS SIE AUF IHREM MAULTIER VORBEIRITTEN. KENNEN SIE QAT? EINE LOKALE PFLANZENART.
SEHR ANREGEND ...
DER UNGREIFBARE MONSIEUR FOLELLI ... SIE HINTERLASSEN FAST NIE EINE SPUR ... MEIN BERICHT KOMMT NOCH IMMER NICHT VORAN ... ZU VIELE DUNKLE STELLEN.
EIN WAHRES GESPENST ...
GESPENSTER GIBT ES HIER GENÜGEND. DIESE HEIDEN GLAUBEN, DASS SIE VON BÖSEN GEISTERN HEIMGESUCHT WERDEN ... UND DER SCHAKAL IST EINER VON DIESEN, ALSO HÜTEN SIE SICH.
AM MEISTEN HÜTE ICH MICH ...
... VOR SCHNÜFFLERN.
RIMBAUD, GUT DASS ICH SIE TREFFE. ICH HABE GERADE EINEN NEUEN KATALOG ERHALTEN ...
Confection Chasse Pêche
DA GIBT ES WUNDERBARE HÜTE. DER HIER ZUM BEISPIEL KÖNNTE IHRE VORGESTRIGE KAPPE ERSETZEN.
CHAPEAUX
EINEN NEUEN HUT? ERNSTHAFT. WAS IST AN MEINER KAPPE SCHLECHT?
OH JA, ABDU RIMBO, EIN NEUER HUT!
CHAPEAUX

IN DEN ERSTEN SEPTEMBERTAGEN LAS ICH DIE ZEITSCHRIFT, DIE ZOETEMELK BEI SEINER ABREISE AUS TADJOURA DAGELASSEN HATTE ...
NACH DER SINTFLUT
Kaum war es in den Hirnen ruhig um die Sintflut geworden,
da stockte ein HASE inmitten von Süssklee und
Glocken=Blumen=Gebaumel und sagte durch die
Spinnweben hindurch dem Regenbogen sein Gebet auf.
Ach, die Edelsteine, die tauchten unter.
Und die Blumen, wie weit waren die schon aufgesch
Auf der grossen dreckigen Strasse drängten sich di =Bänke.
Und man schleifte die Boote zum Meer,
das war auf=geschichtet – wie auf Kupf
Blut floss: bei Blaubart, in den Schlachthöf
der Sigelsaft Gottes die Fenster auslaugt. Blut
La Vague
WER WAR DIESER RIMBAUD EIGENTLICH? GESTERN DICHTER, HEUTE WAFFENHÄNDLER?
SIE WOLLEN SICH MEINER KARAWANE ANSCHLIESSEN? ABER DAFÜR BRAUCHEN SIE DIE GENEHMIGUNG DES GOUVERNEURS VON OBOCK.
DJAMI, EINEN KAFFEE FÜR ATO FOLELLI BITTE.
HÖREN SIE, RIMBAUD, ICH WERDE IHNEN REINEN WEIN EINSCHENKEN. MIT DER FRANZÖSISCHEN VERWALTUNG STEHE ICH SCHLECHT. DIESER LE DANTEC IST MIR AUF DEN FERSEN.
SIND SIE EIN DESERTEUR? ICH SELBST BIN VOR 10 JAHREN IN JAVA AUS DER NIEDERLÄNDISCH OSTINDIEN-KOMPAGNIE ABGEHAUEN, NACHDEM ICH VORHER DIE EINSTIEGSPRÄMIE VON 300 GULDEN KASSIERT HATTE.
ALSO GUT: VERTRAUEN GEGEN VERTRAUEN. '71 HABE ICH GEKÄMPFT, DANN KONNTE ICH ENTKOMMEN ...
IN DER PARISER COMMUNE! UND SIE SIND DAVONGEKOMMEN?
ICH WURDE NACH NEUKALEDONIEN DEPORTIERT. VIER JAHRE SPÄTER KONNTE ICH FLIEHEN.
SEITHER REISE ICH VON LAND ZU LAND UND MEIDE DIE FRANZÖSISCHEN KOLONIEN ... TADJOURA IST ZU GEFÄHRLICH FÜR MICH, ICH MUSS FORT VON HIER.
AUF GEHT'S, FOLELLI! ICH KANN IHNEN ERSCHÖPFENDE MÄRSCHE, GLUTTAGE UND EISNÄCHTE VERSPRECHEN ... VIELLEICHT WERDEN WIR SOGAR ÜBERFALLEN!
TING
WAS WIR BRAUCHEN IST EIN PFERD, DAS IHNEN MONSIEUR THIERS ERSETZT.

ANFANG OKTOBER WAR DIE KARAWANE ENDLICH STARTKLAR. VOR UNSEREM AUFBRUCH BESUCHTE RIMBAUD NOCH DEN SULTAN ABOU BEKR UND SEINEM CLAN, DENN IN TADJOURA UND IN DEM FRANZÖSISCHEN PROTEKTORAT OBOCK GESCHAH NICHTS OHNE SEINE ZUSTIMMUNG.
INCH ALLAH ...
INCH ALLAH ...
AUF ANWEISUNGEN VON RIMBAUD HATTE ICH MIR IN DER GEGEND VON TADJOURA EIN PFERD GEKAUFT.
QUAND NOUS CHANTERONS LE TEMPS DES CERISES ...
ALS ICH DAS ERSTE MAL DIE GEIER SAH, HABE ICH MICH INSGEHEIM GEFRAGT, WELCHES UNHEILIGE FESTMAHL SIE WOHL GERADE INS AUGE FASSTEN.
ET GAI ROSSIGNOL ET MERLE MOQUEUR ...
SERONT TOUS EN FEEETE
BÄÄÄNG
MEIN GOTT, WER SCHIESST DENN DA?
MÄÄÄÄ
MÄÄÄ
MÄÄÄÄ
TICKEDI TACKEDI TICKE
!?
FOLELLI, ICH HABE AUF SIE GEWARTET ...

ICH BIN SCHON WIEDER AUF EINEN SCHAKAL GESTOSSEN ...
... ABER DIES MAL WAR ER SCHWARZ WIE EBENHOLZ.
SIND SIE VERRÜCKT? SIE HABEN IHN ABGESCHOSSEN WIE EINEN HUND.
MIR ENTKOMMT KEINER DER ENTFLOHENEN.
DIE STRAFKOLONIE VON OBOCK, DAS IST NICHT NEUKALEDONIEN, ODER, FOLELLI?
!?!
EIN ERSTER GEIER LIESS SICH NIEDER.
ICH HABE ENDLICH MEINEN BERICHT ABGESCHLOSSEN: FOLELLI, JEAN-ROCH, GEBOREN 1854, KÄMPFER DER KOMMUNE VON 71, 1873 ZU 10 JAHREN STRAFKOLONIE IN NEUKALEDONIEN VERURTEILT ...
UND 1877 GEFLOHEN ...
SOHN VON FOLELLI OURS-PIE, GUILLOTINIERT 1864 AUF DEM PLATZ IN BASTIA, WEGEN MORDES AN DREI SOLDATEN DER KAISERLICHEN TRUPPE ... WIE DER VATER, SO DER SOHN.
EIN TRUPP GEIER SUHLTE SICH BEREITS IN DER VORFREUDE AUF DAS FESTMAHL.
MEIN BERICHT ENDET MIT DEM TOD EBEN DIESES FOLELLI BEI SEINER FESTNAHME.
KLIICK

EINIGE STUNDEN SPÄTER, NACH EINBRUCH DER NACHT, ZOG DIE KARAWANE RIMBAUD ENDLICH LOS ...
SOBALD IHR NEUER HUT DA IST, WERDE ICH IHN NACHSENDEN.
KLICK
MMM ?...
MEIN NEUER HUT? WELCHER HUT? ACH JA, MEIN HUT.
WO NUR FOLELLI BLEIBT?
DA BIN ICH, RIMBAUD, DA BIN ICH.
KOMISCH, KEIN LE DANTEC WEIT UND BREIT.
WO BLEIBT NUR DIESER SCHLAMM-SCHNÜFFLER?
LANGE VOR DEM MORGEN-GRAUEN SETZTE SICH DIE KARAWANE IN BEWEGUNG ... UND ICH VERLIESS TADJOURA OHNE BEDAUERN.
VOR-WÄRTS!
VIEL GLÜCK, RIMBAUD!

II. Kapitel:

DIE KARAWANE

... in dem man zwei Toten und einem
Auferstandenen begegnet, der
Königin von Saba und Ramses II.,
einem schönen Entlaufenen -
und dem Hut von Rimbaud.

ANFANG OKTOBER 1886 WAR DIE RIMBAUD-KARAWANE ENDLICH UNTERWEGS, MIT TAUSENDEN VON GEWEHREN UND ZEHNTAUSENDEN VON KARTUSCHEN IM GEPÄCK.
DER GEWÖHNLICH SCHWEIGSAME RIMBAUD AN DER SPITZE ZEIGTE EIN UNGEWOHNTES LÄCHELN.

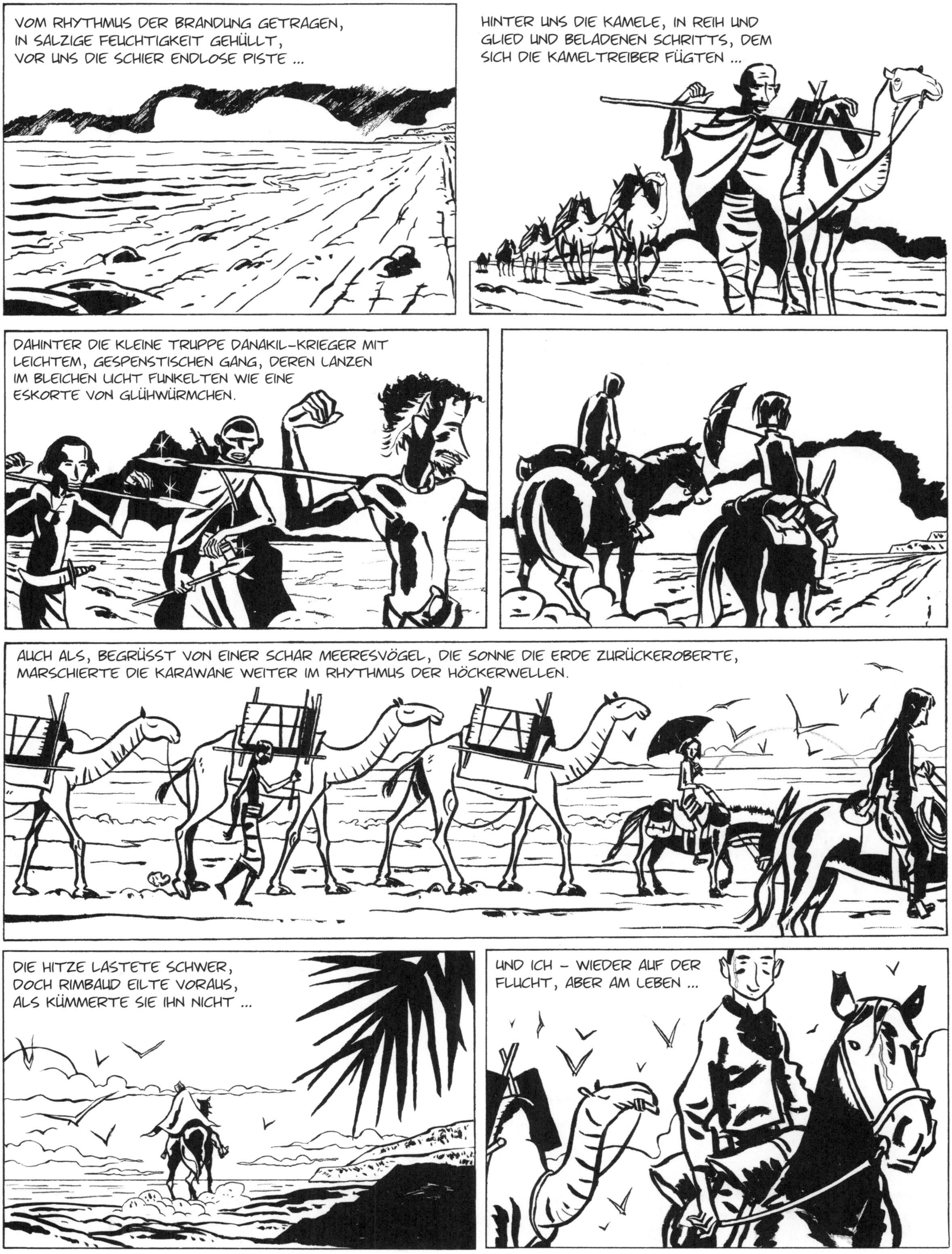
VOM RHYTHMUS DER BRANDUNG GETRAGEN, IN SALZIGE FEUCHTIGKEIT GEHÜLLT, VOR UNS DIE SCHIER ENDLOSE PISTE ...
HINTER UNS DIE KAMELE, IN REIH UND GLIED UND BELADENEN SCHRITTS, DEM SICH DIE KAMELTREIBER FÜGTEN ...
DAHINTER DIE KLEINE TRUPPE DANAKIL-KRIEGER MIT LEICHTEM, GESPENSTISCHEN GANG, DEREN LANZEN IM BLEICHEN LICHT FUNKELTEN WIE EINE ESKORTE VON GLÜHWÜRMCHEN.
AUCH ALS, BEGRÜSST VON EINER SCHAR MEERESVÖGEL, DIE SONNE DIE ERDE ZURÜCKEROBERTE, MARSCHIERTE DIE KARAWANE WEITER IM RHYTHMUS DER HÖCKERWELLEN.
DIE HITZE LASTETE SCHWER, DOCH RIMBAUD EILTE VORAUS, ALS KÜMMERTE SIE IHN NICHT ...
UND ICH – WIEDER AUF DER FLUCHT, ABER AM LEBEN ...

NACH LANGEN WEGSTUNDEN NÄHERTE SICH DIE SENGENDE SONNE IHREM ZENIT.
ABDU RIMBO BEFIEHLT EINE MITTAGSRAST.
UM DIE FEUER HATTEN SICH KLANS GEBILDET, DIE DANAKIL-KRIEGER MURMELTEN, DIE ARABISCHEN KAMELTREIBER BETETEN, GEN MEKKA GERICHTET.
ICH DACHTE SCHON, ICH WÜRDE IN TADJOURA STAUB ANSETZEN, ES WAR HÖCHSTE ZEIT, AUFZUBRECHEN. ICH HABE SCHON EINIGE KARAWANEN GEFÜHRT. DIESE HIER WIRD SICHER NICHT EINFACH.
DER WEG INS CHRISTLICHE SHOA-REICH FÜHRT MEHRERE MONATE DURCH GEFÄHRLICHE WÜS-TEN; ABER DROBEN IN ABESSINIEN IST DAS KLIMA KÖSTLICH, DIE MENSCHEN GASTFREUNDLICH …
AM FRÜHEN NACHMITTAG DÄMMERTE DAS LAGER, VON DER HITZE ERSCHLAGEN, IN SCHWEREM SCHLAF, NUR HIE UND DA UNTERBRACH UNTERBRACH DAS BRÜLLEN ODER GRUNZEN EINES SCHLAFENDEN DIE STILLE …

ICH FAND KEINEN SCHLAF ... SASS DA UND KAUTE DAS QAT VON LE DANTEC. IRGENDWANN BEMERKTE ICH DEN DANKALI-WACHTPOSTEN. WOLLTE ER MICH BESCHÜTZEN?
... ODER MICH BEI ERSTBESTER GELEGENHEIT ERWÜRGEN?
IN MEINEM ZWEIFEL BOT ICH IHM VON MEINEM QAT AN UND WIR KAUTEN SCHWEIGEND ...
SO SASSEN WIR LANGE ZEIT, REGLOS, DIE AUGEN AUF DEN ENDLOSEN HIMMEL GERICHTET.
AM ENDE DES NACHMITTAGS BRACH DIE KARAWANE WIEDER AUF.
HÜTEN SIE SICH VOR DEM QAT, FOLELLI, ICH KENNE EINE REIHE EUROPÄER, DIE NICHT MEHR DAVON LOSGEKOMMEN SIND.
ACH, IN INDIEN HABE ICH MIT DEN SADHUS HASCH GERAUCHT UND BIN IMMER NOCH DA.
HAT ATO FOLELLI ETWAS QAT FÜR DJAMI?
?!
DJAMI, HÖR BITTE AUF DAMIT.
NACH DEM NÄCHSTEN TAGESMARSCH UND DEM NÄCHSTEN RASTPLATZ VERLIESSEN WIR DIE PISTE AM MEER ENTLANG UND SCHLUGEN UNS NACH WESTEN, IN DIE BERGE.

EINIGE TAGE SPÄTER ERREICHTE DIE KARAWANE DIE ERSTE VULKANISCHE HOCHEBENE, WO SICH SELTENE MIMOSEN AN DIE FELSEN KLAMMERTEN ...
AUF UNSEREN TAGESMÄRSCHEN FOLGTEN WIR AUS-GETROCKNETEN WILDBÄCHEN, DURCH-QUERTEN EINE ENDLOSE STEINWÜSTE ... UND GELANGTEN IN EINE ENGE DÜSTERE SCHLUCHT ...
DANN BEGANN EIN STEILER SCHMALER BERGPFAD ...
DIE MÄNNER SCHINDETEN SICH, DIE TIERE SCHNAUBTEN, ALLE WAREN UNRUHIG ...
DA PASSIERTE DER UNFALL ...
?!
LANG UND TIEF FIEL DER KRIEGER DER DANKALI, KEIN SCHREI WAR ZU HÖREN.

TROTZ DES UNFALLS LIEFEN WIR WEITER, BIS WIR NACH LANGEM MARSCH AUF EINEM RIESIGEN HOCHPLATEAU UNSERE ZELTE AUFSCHLUGEN.
EINEN MANN IN DER ERSTEN WOCHE ZU VERLIEREN IST EIN SCHLECHTES OMEN.
ZUM GLÜCK BIN ICH NICHT ABERGLÄUBISCH, INCH ALLAH!
ABDU RIMBO!
DIE DANAKILS SEIN TEUFELSWILD MIT KAMELTREIBERN, NICHT GUT.
?!
ES GING HIN UND HER, ENDLOS.
DIE DANAKILS FORDERN RACHE, SIE SAGEN, KAMELTREIBER ABD EL HADJ HABE SCHULD AM TOD DES KRIEGERS HEUTE MORGEN.
ABER ES WAR DOCH EIN UNFALL!?!
IHR ANFÜHRER TRÄGT EINE SCHWARZE STRAUSSENFEDER, DAS HEISST, ER HAT SCHON ANDERE AUF DEM GEWISSEN ... HABEN SIE EINE WAFFE?
ALS DIE SPANNUNG STIEG, ZOG ICH SIE, MAN KONNTE JA NICHT WISSEN.
WIR WERDEN WACHEN EINRICHTEN, ICH FANGE AN, DANN KOMMT DJAMI ... DER ANFÜHRER FORDERT 60 TALER ODER DAS LEBEN VON ABD EL HADJ.
HIER ZAHLT MAN BLUTGELD MIT BARER MÜNZE.
DIE ÄTHIOPISCHE VENDETTA ...
SANGUE GHIAMA SANGUE ... BLUT RUFT NACH BLUT, HIER WIE ÜBERALL ...
EIN WUNDERBARES MODELL, IHRE PISTOLE – VON DER MARINE, WUSSTEN SIE?

DANACH BEGANN DER ABSTIEG ZUM ASSAL-SEE, DEM SALZSEE.

EINE MONDLANDSCHAFT, GEZACKTE FELSEN, TOTE LAVA, GEFANGEN IN EINEM GEBIRGSKESSEL, UNTER DER GLOCKE EINER SENGENDEN SONNE – EIN VOM LEBEN VERGESSENER ORT, ... WAR DAS DIE HÖLLE?

DER WEISSE SALZSAUM UNTER UNSEREN FÜßEN BLENDETE. UM UNS HERUM TREIBLAND.

HAAAAAAAH
WOYÉ!! WOYÉ!
?
ES WAR ABD EL HADJ, DER KAMELTREIBER ...
DJAMI, SCHNELL, EIN SEIL!
KLICK KLICK
KLIK
ZU SPÄT ... EINE BEWEGUNG UND WIR SIND TOTE LEUTE.
WAS?!? DJAMI, SCHNELL, DAS SEIL!
UFFF...
ICH KOCHTE! WEGEN DES KAMELTREIBERS? ODER WEIL UNS EIN FAUSTSCHLAG DAS LEBEN GERETTET HATTE?
ATO FOLELLI NICHT ZUFRIEDEN, NICHT WAHR, ABDU RIMBO?
VIELLEICHT ATO FOLELLI NICHT ZUFRIEDEN, ABER ATO FOLELLI AM LEBEN.

MORGENGRAUEN FOLGTE AUF MORGENGRAUEN, UND IMMER NOCH WAREN WIR UNTERWEGS, EINE TRAUERPROZESSION VON SCHLAFWANDLERN.
WOHIN MAN SCHAUTE: FLIRRENDER HORIZONT, GLÜHENDE WÜSTE ... UND DURST. WENN ES GOTT GÄBE, HÄTTE ER IM HERZ DIESER WÜSTE EINE QUELLE ERSCHAFFEN.
NACHTS STIEG AUS UNSEREN LAGERSTÄTTEN EIN GESTANK AUS RAUCH UND SAUREM SCHWEISS EMPOR. VON KAMELEN UND MENSCHEN ...

NACHDEM WIR 2 TAGE KEINEN TROPFEN MEHR IN DEN SCHLÄUCHEN HATTEN, ERREICHTEN WIR GLÜCKLICH, AM ENDE UNSERER KRÄFTE, DIE ERSTE WASSERSTELLE ...
ALLOULI!
ALLOULI!
JE SUIS TOMBÉ PAR TERRE, C'EST LA FAUTE À VOLTAIRE
LE NEZ DANS LE RUISSEAU, C'EST LA FAUTE À ROUSSEAU
APROPOS HUGO, WUSSTEN SIE, DASS ER LETZTES JAHR GESTORBEN IST?
DER IST SICHER AN DEN EHRUNGEN DER REPUBLIK ERSTICKT. DIE ELENDEN SIND EIN WAHRES GEDICHT, DAS GEBE ICH GERNE ZU, ABER WOZU DIESE VERRECKTEN UNGEHEURLICHKEITEN?
VERRECKTE UNGEHEUERLICHKEITEN!?!
NA! SICHER HAT ER SICH ÜBER DIESES JAHRHUNDERT DER REIMSCHMIEDLER ERHOBEN, ÄHNLICH WIE BAUDELAIRE, HIER UND DA AUCH VERLAINE,
DER REST DER FRANZÖSISCHEN POESIE IST KRÄMERSEELENREIM.
JETZT HABEN SIE SICH DOPPELT EREIFERT, GEGEN DIE DICHTER UND GEGEN DIE KRÄMERSEELEN.

DIE POESIE IST NICHTS ALS SCHWINDEL, EIN VERGEBLICHES UNTERFANGEN! DIE WIRKLICHEN DINGE SCHREIBT DAS LEBEN.
UND DER SCHNURRBART, DJAMI BOY.
OB IN TIMBUKTU, SANSIBAR ODER AUF ANDEREM GRUND, IMMER WIRD GEHANDELT – EGAL WOMIT.
DIE KARAWANE STOCKTE, ERSCHÖPFT; EIN SCHNEIDENDER WIND ERHOB SICH; ICH FAND KEINEN SCHLAF ...
BEI JEDEM GESPRÄCH ÜBER LITERATUR GERIET RIMBAUD IN RAGE ...
SEIEN SIE AUF DER HUT, DIE TIERE WERDEN UNRUHIG, ICH WÜRDE MICH NICHT WUNDERN, WENN EIN STURM AUFKÄME.
Ich war der Schöpfer aller Feste, aller Siege,
aller Dramen. Ich wollte neue Blumen erfinden,
neue Sterne, neue Sinneslüste, neue Sprachen. Na ja!
Ich muss meine Einbildungen und Erinnerungen begraben.

EIN GEWALTIGER STURM AUS SAND UND STAUB WAR AUSGEBROCHEN UND MACHTE ES UNMÖGLICH, DIE OASE ZU FINDEN ...
POK
?!
TO BE OR NOT TO BE, THAT IS THE QUESTION.
HAMLET, 3. AKT, 1. SZENE
LASS DIESE ERSTAUNTE MIENE ...
ABER, DU BIST DOCH TOT!?! LE DANTEC HAT DICH UMGEBRACHT! ICH HABE DEIN GERIPPE GESEHEN.
SSS. DU WEISST DOCH, MAN SOLLTE NIE DEM ANSCHEIN TRAUEN. FOLGE MIR.

DIESER BEHELMTE IDIOT JEDENFALLS IST EINDEUTIG TOT, UND WIR BEIDE WISSEN, DASS DU DARAN NICHT UNBETEILIGT BIST.
ICH HABE DABEI MEINEN SEHNERV UND EIN DRITTEL MEINES GEHIRNS EINGEBÜSST.
ABER DU SPRICHST!
BLIND, WIE ICH BIN, MÖCHTEST DU JA WOHL NICHT, DASS ICH OBEN-DREIN STUMM BIN.
ICH BIN DER ZAR DER SCHAKALE, EIN GEIST, DER IN EIN MENSCHLICHES WESEN SCHLÜPFT, UND DIESER MENSCH WIRD DANN MEIN ALAZAR, MEIN IRDISCHES GEFÄSS ...
MANCHE BEHAUPTEN, ZARE SEIEN DÄMONEN.
ABER WARUM SOLLTE MAN AUF BÖSE ZUNGEN HÖ-REN!?
ARF ARF ARF
ICH WAR ALSO DER ZAR DIESES IDIOTEN, DIE ERBÄRMLICHSTE WAHL MEINER GANZEN ZARENZEIT.
EIN ALAZAR, DER SEINEN ZAR TÖTET?
DAS GAB'S NOCH NIE ...
FOLGLICH WAR DER VERRÜCKTE VERURTEILT UND DU WURDEST AUSERSEHEN, DAS URTEIL AUSZUFÜHREN UND MEIN NEUER ALAZAR ZU WERDEN.
ZU DEINEM BESTEN RATE ICH DIR, DIESEM TUNNEL ZU FOLGEN ...
DA ICH SCHLIEßLICH – ZAR HIN, ZAR HER – MIT EINEM TOTEN SCHAKAL NICHT DISKUTIEREN KONNTE, BESCHLOSS ICH, SEINEM RAT ZU FOLGEN.
?!

WER HAT DIR ERLAUBT, DICH VOR MÂKEDÂ, DER KÖNIGIN VON SABA, ZU ERHEBEN? WILLST DU, DASS MEINE KLEINEN FLEDERMÄUSE DIR IN EINEM ENDLOSEN TODESKAMPF DAS BLUT AUSSAUGEN?
DU BIST NICHT SCHÖN, FREMDER, ABER DU SCHEINST GUT GEBAUT. TRITT NÄHER ZU DEINER KÖNIGIN, HAB KEINE ANGST.
NICHT SCHÖN !?!

UND DANN ERLEBTE ICH DIE WONNEN, DIE SCHON KÖNIG SALOMON GENOSSEN HATTE ...
PFERD VON ATO FOLELLI, ABER NEIN ATO FOLELLI.
MMM ... ICH MACHE MIR SORGEN UM UNSEREN FREUND, OHNE REITTIER UND WASSER WIRD ER NICHT WEIT KOMMEN.

WAS MACHST DU BLOSS HIER IN DIESER VERFLUCHTEN WÜSTE, FOLELLI?
WIE BIST DU HIER HINGEKOMMEN?
DAZU NOCH NACKT...
STUNDEN LIEF ICH UNTER DER SENGENDHEISSEN SONNE – MEINE HAUT BRANNTE UND DURST QUÄLTE MICH.
NICHT WEITER MÜSSEN, NUR SCHLAFEN! IM WARMEN, WEICHEN SANDBETT, VON EINER BRISE GEWOGEN. NIE IST MIR DER TOD SÜSSER ERSCHIENEN!
ZWEI TAGE SUCHTEN SIE VERGEBENS NACH MIR IN DER UMGEBUNG VON ALLOULLI. DANN BRACH DIE KARAWANE RIMBAUD AUF – MIT PRALLVOLLEN WASSERSCHLÄLCHEN ...
VORWÄRTS!
ZUR SELBEN ZEIT AM STRANDE VON TADJOURA ...
DEM RIMBAUD SEIN HUT...
POTFERDEK! ICH WAR DER FESTEN ÜBERZEUGUNG, DASS MAN VON DEM NIE WIEDER HÖREN WIRD.
NAPOLI
ADEN NOVEMBER 1886
ZUM SELBEN ZEITPUNKT...
W, W, WO BIN ICH?
?
EIN SCHIFF ...
ICH BIN AUF EINEM SCHIFF!?

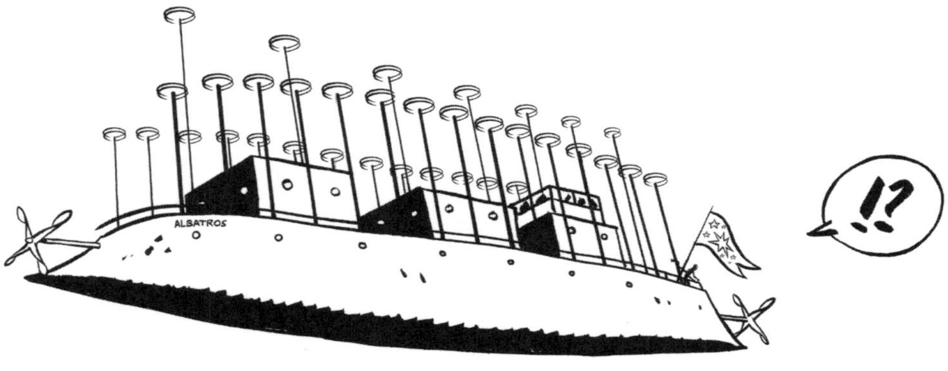
ALBATROS
!?

EIN SCHWINDELERREGENDES SCHAUSPIEL, DAS DEN VERSTAND ÜBERSTIEG ... EIN SCHIFF SCHWEBTE DURCH DIE LUFT, ÜBER RIESIGE STEINFIGUREN HINWEG.
HABE ICH FIEBER, ODER BIN ICH TOT !?!
WILLKOMMEN AUF DER ALBATROS, DEM ERSTEN FLUGSCHIFF IN DER GESCHICHTE DER MENSCHHEIT ...
WIR BEFINDEN UNS IM STEHFLUG OBERHALB DES TEMPELS VON ABU SIMBEL, DER ZU EHREN DES PHARAOS AM UFER DES NILS ERBAUT WURDE.
EIN SOLCHER GRÖSSEN-WAHN NÖTIGT ZUR HOCHACHTUNG, NICHT WAHR?
ICH BIN ROBUR, KAPITÄN UND ERBAUER DER ALBATROS.
MEINE MÄNNER HABEN SIE VOR ZWEI TAGEN IN EINER ÄTHIOPISCHEN WÜSTE GEFUN-DEN, EXTREM AUSGEZEHRT UND VERBRANNT...
DAHER DIESE VERBÄNDE, MIT DENEN SIE AUSSEHEN WIE EINE ÄGYPTISCHE MUMIE.
ZIEHEN SIE SICH AN. ICH LADE SIE EIN ZU EINER NUBISCHEN MITTERNACHT IN DEN ARMEN VON RAMSES II.

ICH SAGE IHNEN, FOLELLI, IN 50 JAHREN BENUTZEN DIE MENSCHEN DAS FLUGSCHIFF WIE HEUTE DEN ZUG.
SCHAUEN SIE, MEINE ALBATROS! 30 METER LANG, ALLES AUS PRESSPAPPE. 74 SCHWEBE-SCHIFFS-SCHRAUBEN, 2 ANTRIEBSSCHRAUBEN, MIT STROM AUS BATTERIEN UND AKKUMULATOREN.
SCHWERER ALS LUFT, DAS IST DIE ZUKUNFT.
RIECHEN SIE MAL DIESEN ABSINTH, ICH HABE IHN VON EINEM KLEINEN FRANZÖSISCHEN ERZEUGER AUS DEM JURA BEKOMMEN ...
BERAUSCHEND ...
JA, NICHT SCHLECHT.
NEIN, ICH MEINE: IHRE ERFINDUNG IST BERAUSCHEND.
SICHER ABER UNSEREN ZEITGENOSSEN FEHLT DER VERSTAND, FRIEDLICHEN NUTZEN AUS MEINER GENIALEN VISION ZU ZIEHEN.
TOM?
MASTER ROBUR?
NEHMEN SIE KURS AUF ÄTHIOPIEN, WIR WERDEN UNSEREN GAST IM MORGENGRAUEN DORT ABSETZEN.

HARAR, KARAWANEN-TREFFPUNKT. DAS ERSTE DORF, SEIT DIE KARAWANE TADJOURA VERLASSEN HATTE. AUF DEM GROSSEN MARKT TAUSCHEN ISSAS UND OMOROS LEBENSMITTEL UND WAREN ...
DJAMI, KAUF BITTE 20 KILO HIRSE, 10 SÄCKE KAFFEE UND 10 SÄCKE TEE ...
UND NIMM DIESEN SCHIRM WEG ...
UND FÜR MICH EINE FLASCHE ABSINTH AUS DEM JURA, ABDU RIMBO?
!?
FOLELLI, MON AMI, WAS FÜR EIN WUNDER ...
EIN FLIEGENDES WUNDER, ICH ERZÄHLE SPÄTER ...
AM SELBEN ABEND HABE ICH VON MEINER RETTUNG ERZÄHLT, OHNE DEN SCHAKAL ODER MAKÉDA ZU ERWÄHNEN ...
EIN FLIEGENDES SCHIFF? ABAKADABER.
IN MEINEM ZUSTAND, RIMBAUD, IST DAS NICHT MEHR ABSINTH, SONDERN ABSUMPF, PURES HEIMWEH ...
TEUFEL, ICH HATTE DEN GESCHMACK DIESES GLETSCHERSALBEIS GANZ VERGESSEN.
GANZ SCHÖN HOCHPROZENTIG.
NIEDER MIT THIERS! ES LEBE DIE KOMMUNE!
SIE SIND ORDENTLICH BETRUNKEN.
? ?
DIE KOMMUNE, ICH WAR 16 UND LEBTE NOCH IN DER STICKIGEN PROVINZ, UND WENN EIN PFAFFE VORBEIGING, SPUCKTE ICH AUS.
ICH SCHEISS AUF GOTT UND ICH SCHEISS AUF THIERS. SOLLEN SIE IN DER HÖLLE SCHMOREN ...

ICH WAR 17, ALS ICH AUF DER BARRIKADE IN DER RUE RAMPONNEAU STAND. ICH HABE MEINEN ERSTEN VERSAILLER IM NAHKAMPF UMGEBRACHT, MANN GEGEN MANN ... ER SO JUNG WIE ICH.
ICH HABE AUCH JEMANDEN UMGEBRACHT ... BEI EINER PRÜGELEI, EINEN MEINER ARBEITER, DAMALS LEITETE ICH EINE BAUSTELLE AUF ZYPERN.
DIE LETZTE WOCHE DER KOMMUNE WAR EIN GEMETZEL, EINE WAHRE HUNDSVIECHEREI ... ERSCHIES-SUNGEN ... GESTANK ... BLUT ... WIE IM SCHLACHTHAUS.
CERA SANGUE D'APERTUTO ... UN VERU VAGLINU DI SANGUE ... E MILLAIE E MAILLAIE DI CADAVERI ...
HÖREN SIE AUF MIT IHREM KORSISCHEN GESCHWAFEL, FOLELLI ... WAS HABEN SIE GESAGT?
... ICH SAGTE, DASS ICH DURST HABE UND JETZT EINEN HEBEN WERDE ...
-Gesellschaft, alles wiederhergestellt: -die Orgien
weinen ihr altes Geröchel in alten Freudenhäusern:
Und das im Delir zuckende Gas löckt die rötlichen Mauern empor,
düster hinauf ins fahle Blau!

MIT HARAR VERLIESSEN WIR AM NÄCHSTEN MORGEN DAS LAND DER DANKALI. UNSERE NEUE ESKORTE WAR NICHT MINDER SCHWEIGSAM ... MEIN KOPF POCHTE, ICH WAR SCHWEISSGEBADET, DER LEIB SCHMORTE. ... DAZU EIN BRUMMSCHÄDEL.
NUN, FOLELLI, ZUFRIEDEN MIT DEM PFERD VON LE DANTEC?
SIE WUSSTEN ES?
SEIT UNSEREM AUFBRUCH.
EINE SOLCHE GROSSZÜGIGKEIT WAR VON DIESEM WASSER-SCHEUEN AFFEN EINFACH NICHT ZU ERWARTEN, DENKE ICH ... ABER DAS GEHT MICH JA NICHTS AN ...
IN MEINEM KOPF PRALLTEN DIE BILDER AUFEINANDER: DER AN EINEN BAUM GENA-GELTE LE DANTEC, DER GESCHWÄTZIGE SCHAKAL, DIE WEICHE HAUT DER MYTHISCHEN KÖNIGIN ... ICH WAR OFFENSICHTLICH DRAUF UND DRAN, VERRÜCKT ZU WERDEN.
TOLLA, AMBO, KARABA, – LANGSAM, MIT JEDER ETAPPE, WURDE DIE LANDSCHAFT GRÜNER.
IN DER EBENE VON MOULLOU, SAHEN WIR SOGAR VEREINZELT HYÄNEN UND STRAUSSVÖGEL, JEDOCH, ZU MEINER ERLEICHTERUNG, NICHT EINEN SCHAKAL ...

IM DEZEMBER KAMEN WIR AN AUSGEBLEICHTEN SKELETTEN VORBEI, DIE LETZTEN SPUREN EINER KARAWANE, DIE NIE ANKOMMEN WÜRDE ... DIE SHIFTAS, DIE KARAWANEN-PLÜNDERER, HATTEN OFFENSICHTLICH GANZE ARBEIT GELEISTET, GEFOLGT VON DEN TIEREN ...
EINIGE TAGE SPÄTER STIESSEN WIR AUF EINE SKLAVEN-KARAWANE, VON ARABISCHEN GEFANGENEN-WÄCHTERN ANGEFÜHRT ... LÄNGST VERSCHÜTTETE ERINNERUNGEN AN STRAFMÄRSCHE KAMEN WIEDER HOCH ...
MENELIK VERBIETET ZWAR ALS GUTER CHRIST SEINEN UNTERTANEN DEN SKLAVEN-HANDEL, ABER SCHEINHEILIG ÜBERLÄSST ER IHN DEN ARABERN, UND ALLE IN SHOA PROFITIEREN DAVON.
EINTÖNIGE WOCHEN VERGINGEN. SCHLIESSLICH GELANGTEN WIR IN DAS TAL DES AWASH-FLUSSES, AN DIE GRENZE ZUM KÖNIGREICH SHOA.

PATER LECAUTELEUX!?!
DJAMI, SCHNELL, ETWAS MEDIZIN UND WASSER!
AAARRRR
BÄÄNG
ATO RIMBO, GOTT HAT SIE UNS GESANDT. SEIT STUNDEN UMKREISEN UNS DIE HYÄNEN.
ATO RIMBO ERINNERT SICH SICHER NICHT AN MICH. ICH ARBEITE ALS DIENERIN BEI DEN MISSIONSBRÜDERN IN HARAR UND HABE PATER LECAUTELEUX AUF SEINER MISSION NACH ANKOBER BEGLEITET. VOR DREI TAGEN HAT IHN DAS FIEBER GEPACKT.
WARUM SPRICHST DU EIN SO GUTES FRANZÖSISCH?
ICH BIN BEI DEN MISSIONSBRÜDERN AUFGEWACHSEN. SO HABE ICH IHRE SPRACHE GELERNT.
ABER SIE ... SIE SIND JA ...
ICH HEISSE MAKÉDA YALAHOU ...
ALSO LOS FOLELLI, RÜHREN SIE SICH. MAN KÖNNTE MEINEN, IHNEN SEI DIE JUNGFRAU MARIA PERSÖNLICH ERSCHIENEN. WIR WERDEN HIER UNSER LAGER AUFSCHLAGEN.
DER MISSIONAR RÖCHELTE DIE GANZE NACHT.
IM MORGENGRAUEN BRACHEN WIR AUF, NACHDEM DER KAPUZINER SEINE SEELE IN GOTTES HAND ÜBERGEBEN HATTE; „VORAUSGESETZT, DASS ES IHN GIBT!", WAREN SEINE LETZTEN WORTE.
CI-GÎT LE PÈRE LECAUTELEUX (?)-25 JANVIER 1887 DE LA MISSION CATHOLIQUE D'HARAR

AM NÄCHSTEN TAG GELANGTEN WIR IN DAS LAND DER AMHARER UND WATETEN DURCH DEN FLUSS AWASH ...
BIST DU SEHR TRAURIG, MAKÉDA?
TRAURIG, WEGEN PATER LECAUTELEUX?
ER HAT UNS IMMER MIES BEHANDELT. WENN DAS FIEBER IHN NICHT DAHINGERAFFT HÄTTE, HÄTTE ICH IHN VIELLEICHT EIGENHÄNDIG UMGEBRACHT ...
ANFANG FEBRUAR ERREICHTEN WIR NACH ENDLOSEN HERAUSFORDERUNGEN UND HINDERNISSEN DAS DORF FARRÉ ...

FARRÉ WAR DER GRENZORT VOR ANKOBER, DER HAUPTSTADT DES KÖNIGREICHES. WIR ERRICHTETEN UNSER LAGER AM SAUM DES DORFES.
DAS IST DER AZZAZ VON ANKOBER, DER VERWALTER DES KÖNIGREICHES, WENN SIE SO WOLLEN ...
EIN GANZ ABGEFEIMTER! FORDERT, ICH SOLLE DIE SCHULDEN BEGLEICHEN, DIE ANGEBLICH LABATUT, MEIN KOMPAGNON, NOCH BEI IHM HATTE. EINFACH SO MIR NICHTS, DIR NICHTS ZU STERBEN ...
ICH HABE IHM DAMALS, ALS ER SCHON KEINE LUFT MEHR BEKAM, VERSPROCHEN, SEINE SCHULDEN IN ANKOBER ZU BEGLEICHEN UND EIN PAAR GESCHENKE ...
EIN FERNGLAS UND EINE PACKUNG MORTON DRAGÉES... ZUM ABFÜHREN, SEHR GUT!
TEUFEL AUCH! GLEICH MORGEN BRECHEN WIR AUF NACH ANKOBER. KÖNIG MENELIK WIRD MIR GERECHTIGKEIT WIDERFAHREN LASSEN ...
AM NÄCHSTEN TAG GELANGTEN WIR ENDLICH NACH ANKOBER, DEM ZIELORT UNSERER KARAWANE MIT ÜBER 10.000 EINWOHNERN. ENDLICH WIEDER HOFFNUNG AUF EIN BISSCHEN KOMFORT, DER TRAUM VOM SÜSSEN LEBEN ...
WAS FÜR EIN DRECK!
BOAH, WAS FÜR EIN GESTANK!

ICH FAND EIN ZIMMER ZUM FRANGUI-TARIF BEI EINEM SCHMIED NAMENS HÉNOK... ER ÄHNELTE DEN MESSERN, DIE ER TÄGLICH SCHMIEDETE – EIN GESICHT, SCHARF WIE DIE SCHNEIDE, UND EIN KÖRPER, TROCKEN, WIE EIN ALTER GRIFF.
RIMBAUD HINGEGEN MACHTE BEKANNTSCHAFT MIT NEUEN UNANNEHMLICHKEITEN.
MONSIEUR HÉNON, ICH VERTRETE DIESE DAME HIER, DIE IN EHELICHEM VERHÄLTNIS MIT DEM VERSTORBENEN LABATUT GELEBT HAT... SEINE WITWE SOZUSAGEN...
WIR SIND GEKOMMEN, UM UNSEREN ANTEIL AUS DEM LABATUT-ERBE ZU ERHALTEN – UNTER ANDEREM DIE LABATUT-KARAWANE.
DIE **RIMBAUD**-KARAWANE! BLUT UND WASSER HABE ICH DAFÜR GESCHWITZT! SAGEN SIE IHRER SOZUSAGEN-WITWE, DASS SIE KEINEN TALER DAVON SEHEN WIRD.
WIR WERDEN UNS NOCH SPRECHEN, HERR RIMBAUD, VOR KÖNIG MENELIK PERSÖNLICH!
ATO FOLELLI
ATO FOLELLI
MAKÉDA!?! WAS WILLST DU?
ICH WILL NICHT LÄNGER FÜR DIESE FRANGUI-MISSIONSBRÜDER ARBEITEN.
DAS WILLST DU ALSO NICHT, ABER WAS WILLST DU?
DICH WILL ICH, DICH.

IN ANKOBER TRAF RIMBAUD WIEDER JULES BORELLI, DEN GEOGRAPHEN, DEN ER NOCH AUS TADJOURA KANNTE.
SIE HABEN MENELIK VERPASST. ER IST MIT 25000 MÄNNERN LOSGEZOGEN, DIE TRUPPEN VON SULTAN ABDULALLHI ZU SCHLAGEN, UND HAT DIE STADT HARAR GEPLÜNDERT.
NUN IST ER MIT EINER RIESIGEN MENGE ERBEUTETER WAFFEN UNTERWEGS NACH ENTOTTO, DER ZUKÜNFTIGEN HAUPTSTADT, 3 KARAWANENTAGE VON HIER.
SCHON WIEDER EIN RÜCKSCHLAG. DIESE KARAWANE HAT LAUTER RÜCKSCHLÄGE.
IN DEN ERSTEN TAGEN VERLIESSEN MAKÉDA UND ICH NUR SELTEN MEIN ZIMMER BEI HÉNOK.
KOMM, HENASCH!
MAKÉDA! DU MEINE LEICHTE! MEINE SCHÖNE UND REICHE, MEINE WILDE UND WEICHE... DU TRAUM MEINER TRÄUME UND AUCH MEINES ALPS, KÖNIGIN VON SABA...
FLIPI FLIPA
HENASCH!
WAS FÜR EINE IDEE, EINE FLEDERMAUS ZU ZÄHMEN, MAKÉDA!
HAST DU ANGST VOR MEINER FLEDERMAUS?
WEIT ENTFERNT DAVON ERREICHTE EINE KARAWANE HARAR.
DAS IST FÜR DICH JOHANNES, HIER TRAGEN DIE MÄNNER EIN MESSER.
DA WO ICH HERKOMME, GIBT MAN IMMER EINE MÜNZE, WENN MAN EIN MESSER BEKOMMT, SONST BRINGT DAS MESSER UNGLÜCK. GLÜCKLICHERWEISE BIN ICH NICHT ABERGLÄUBISCH.

RIMBAUD HATTE SEIN LAGER VOR DEN TOREN ANKOBERS AUFGESCHLAGEN...
BEVOR ICH NACH ENTOTTO AUFBRECHE, UM MENELIK ZU TREFFEN, BRAUCHE ICH NOCH LAST-ESEL FÜR MEINE GEWEHRE... UND SIE, FOLELLI? BLEIBEN SIE MIT DER SCHÖNEN MAKÉDA IN DIESEM KAFF?
ICH BLEIBE EINE WEILE, MAL SEHEN, OB ICH HIER EINE ARBEIT FINDE...
UND JA, WARUM NICHT MIT MAKÉDA?
VIELLEICHT KÖNNTE ICH HIER EINE ZUKUNFT FINDEN... NACHDEM ICH ALL DIE JAHRE VOR MEINER VERGANGENHEIT DAVONGELAUFEN BIN.
ES GIBT UNTER DEN HIESIGEN NICHT MEHR UND NICHT WENIGER GROSSE SCHUFTE ALS UNTER DEN WEISSEN NEGERN IN DEN SOGENANNTEN ZIVILISIERTEN LÄNDERN... UND OB NUN HIER ODER ANDERSWO...
HÜTEN SIE SICH, FOLELLI! DIESES LAND IST GEFÄHRLICH. WENN MAN NICHT AUFPASST, DANN PACKT ES DICH UND VERSPEIST DICH BEI LEBENDIGEM LEIBE...
DENKEN SIE DARAN, RIMBAUD, ICH BIN EIN ENTLAUFENER! ICH FINDE IMMER MITTEL UND WEGE, ZU FLIEHEN.

LA COMMUNE OU LA MORT
WACHT AUF!!
!?!
NICHT ALLE TRÄUME BRINGEN ERHOLUNG, NICHT WAHR, MEIN FREUND?
WER SAGT MIR, DASS ES KEIN TRAUM IST, WENN ICH JETZT MIT DIR REDE?
FOLGE MIR, DANN WIRST DU SEHEN, OB ES TRAUM ODER WIRKLICHKEIT IST.
LIEGT DA NICHT HÉNOK, DER SCHMIED, IN SEINEM BLUT? UND IST DAS NICHT DEIN MESSER, DORT IN SEINEM BAUCH?
ER IST TOT, NICHT WAHR, MON AMI. DAS IST KEIN TRAUM.
HÉNOK!?

MAKÉDA, DAS WAR ICH NICHT, DAS WAR ...
DER SCHAKAL!?! ER IST SCHON WIEDER VER-SCHWUNDEN!
WILLST DU SAGEN, DASS EIN SCHAKAL HÉNOK MIT DEINEM MESSER GETÖTET HAT?
ABER DEN SCHAKAL GIBT ES, DU MUSST MIR GLAUBEN. ER VERFOLGT MICH.
WIR MÜSSEN HÉNOK VERSTECKEN. WENN SIE IHN FINDEN, BRINGEN SIE DICH UM.
WIR BEGRUBEN DEN SCHMIED AM FUSSE EINER WOLFSMILCHPFLANZE, WEIT AUSSERHALB DER STADT... ICH NAHM MEIN MESSER AN MICH...
AM NÄCHSTEN TAG RITT RIMBAUD WEITER NACH ENTOTTO, VERZWEIFELT, DASS IMMER MEHR GLÄUBIGER VON LABATUT AUFTAUCHTEN.
ATO RIMBO!
30 TALER!
DIE HUNDE BELLEN, DIE KARAWANE RIMBAUD ZIEHT VORBEI.
!?!
WIR WOLLEN JETZT DOCH AUCH NACH ENTOTTO. KÖNNEN WIR UNS ANSCHLIESSEN?
DER GRUND FÜR DIESEN GESINNUNGS-WANDEL IST NICHT ZU ERNST, HOFFE ICH.

III. Kapitel:

Die WEISSAGUNG des SCHAKALS

... in dem der Leser das letzte Wort der Geschichte über den Hut des Herrn Rimbaud erfährt.

IN ENTOTTO ANGEKOMMEN WURDE RIMBAUD ENDLICH AM HOFE MENELIKS VOM KÖNIG PERSÖNLICH EMPFANGEN, MITANWESEND WAREN MENELIKS ENGER BERATER, DER SCHWEIZER ALFRED ILG, SOWIE KAISERIN TAITU UND CORTO, SEIN MALTESERHÜNDCHEN ...
FÜR SIE, MAJESTÄT! NEHMEN SIE DIESE KLEINEN GESCHENKE ...
NIE SPRACH ICH MIT MAKÉDA ÜBER HÉNOK, ABER ICH SPÜRTE, DASS SIE NOCH IMMER VERWIRRT WAR ...
ICH GEHE IN DIE KIRCHE, KOMMST DU MIT, JOHANNES?
IN DIE KIRCHE? SEIT ICH 12 BIN, HABE ICH KEINEN FUSS MEHR ...
EGAL, EIN BESUCH, ALLE 20 JAHRE, VERPFLICHTET DOCH ZU NICHTS.

DROLLIG
!?!
KLANK
ZIIIING
WAS IST HIER DROLLIG?
BIN ICH ETWA DROLLIG?
KEUCH! KEUCH!
WIE EIN CLOWN!?!
NEIN, DICH HAT KEIN MONSTER ANGEGRIFFEN.
UND WENN ICH DIR WIEDER MAL VORSCHLAGE, IN DIE KIRCHE ZU GEHEN, ÜBERHÖR ES EINFACH ...
RIMBAUD VERWICKELTE SICH IN ENDLOSE VERHANDLUNGEN MIT MENELIK, DER SICH ALS DURCHTRIEBENER GESCHÄFTSMANN ERWIES ...
OFT VERHANDELTE RIMBAUD AUCH MIT ILG IN DEM UNWIRKLICHEN SCHWEIZERHAUS, DAS SICH DER INGENIEUR IM LANDESINNERN HATTE BAUEN LASSEN ...
SIE KÖNNEN DEN VORSCHLAG SEINER MAJESTÄT NUR ANNEHMEN ODER ABLEHNEN, MONSIEUR. 14000 TALER FÜR IHRE GEWEHRE, UND KEINEN SOU MEHR, RIMBAUD ...
IM VERTRAUEN GESAGT: SEIT SEINEM LETZTEN SIEG HAT MENELIK WAFFEN, UND ER BEREICHERT SICH MIT HINGABE. DER KÖNIG VON SHOA WILL NICHT LÄNGER VASALL SEIN, ER TRÄUMT DAVON, AN DER STELLE VON YOHANNES IV. KAISER VON ÄTHIOPIEN ZU WERDEN. UND WER WEISS ... VIELLEICHT SCHAFFT ER ES ...
IRGENDWO IM AWASH-TAL ...
NAPOLI

SITE VENUTI A VEDE MI TIRA L'ANCHETTA!!
CRISTACCHIU! SO QUAN'TE A GHUSTIZIA! MANGHJA DIU E CACA DIAVOLI!!
TSCHOCK
PORCI!
MEIN VATER HATTE DEN MÖRDER SEINES BRUDERS GETÖTET, DANN IST ER IN DEN UNTERGRUND GEGANGEN UND HAT IN EINEM JAHR DREI GENDARMEN UMGEBRACHT. UNSER DORFPFARRER HAT IHN VERPFIFFEN UND ZWEI JAHRE SPÄTER HABE ICH MEINEN VATER GERÄCHT.
UM DAS ALLES ENDLICH ZU BEENDEN, BRACHTE MICH MEINE MUTTER AUF DEN KONTINENT, ZU EINEM ONKEL, NACH PARIS.
IN DEN NÄCHSTEN TAGEN DREHTE SICH FÜR MICH DIE WELT NUR UM MAKÉDA; DIE BEDROHUNG VERSCHWAND.
ICH WAR 10 UND KANN MICH NOCH ERINNERN, DASS ES AN DEM TAG, AN DEM MEIN VATER IN DER ZITADELLE VON BASTIA GUILLOTINIERT WURDE, GESCHNEIT HAT.

ICH HABE VOR, MICH EINIGE ZEIT IN KAIRO VON DEM FIASKO DER KARAWANE ZU ERHOLEN.
TROTZDEM, DANKE SEHR FÜR DEN AUSFLUG, RIMBAUD.
AUF WIEDERSEHEN MAKÉBA, ICH VERTRAUE DIR UNSEREN FREUND AN, ER KÖNNTE IN KEINEN BESSEREN HÄNDEN SEIN ...
WIR WERDEN UNS WIEDERSEHEN, HIER, IN TIMBUKTU, SANSIBAR ODER AUF EINEM ANDEREN GRUND, WIE SIE ZU SAGEN PFLEGEN.
DIESER VERFLUCHTE KORSE, ICH FRAGE MICH, WELCHER TEUFEL IHN REITET.
DA ER DES KRIEGES MÜDE WAR, HATTE RIMBAUD SCHLUSS-ENDLICH DAS LÄCHERLICHE ANGEBOT MENELIKS FÜR DIE GEWEHRE ANGENOMMEN ... DOCH DAS GELD SOLLTE ER ERST NACH SEINER ANKUNFT IN HARAR ERHALTEN.
UND SOLLTE MEIN NEUER HUT DURCH ZUFALL HIERHER GESCHICKT WERDEN, SENDEN SIE IHN BITTE NACH ADEN ZURÜCK. ADIEU.
IMMER WIEDER ERSCHIEN MIR IN DEN FOLGENDEN WOCHEN DER SCHAKAL. ÜBERALL BEGEGNETE ICH IHM, ER SCHIEN ALLGEGENWÄRTIG...
ANTWORTE MIR, SCHAKAL, BIST DU ES? ANTWORTE!
GRRRRR?
DIESER BLINDE SCHAKAL VERFOLGTE MICH.
!?!
TOK TOK
DA IST ER WIEDER, DER SCHAKAL, MAKÉDA, SIEHST DU IHN? ER HAT SICH VER-KLEIDET.
DU WIRST VERRÜCKT, DU VERGREIFST DICH JETZT SCHON AN EINEM BLINDEN LEPRAKRANKEN. JETZT REICHTS, ICH BRINGE DICH ZU HALAYA, DER ALTEN PRIESTERIN.
TOK TOK TOK TOK
EINE HEXE? NIEMALS!

EINIGE TAGE SPÄTER GING ICH OHNE ÜBERZEUGUNG MIT MAKÉDA ZU DER ALTEN PRIESTERIN HALAYA.
TOMP TOMP
TOMPTOMTOMP
WOOOOSSHHH
KOF
VERRÜCKTE ALTE!
KOF
MÄÄÄ
TOMPTON
MÄÄÄ
TOM
MÄÄÄ
MÄÄÄÄ ARGLLL
DU MUSST DAS BLUT DIESES WIDDERS TRINKEN, UND DEN BECHER DANN HALAYA GEBEN.
WAS!?!
TOMPTOM
DAS GETRÄNK WAR WARM UND DICKFLÜSSIG. ALS ICH DIE LIPPEN HINEINTUNKTE, ZOG ES MIR DIE NIEREN AUS DEM LEIB ...
TOMPTO
NACHDEM AUCH DIE ALTE SELBST GETRUNKEN HATTE, HÖRTE DAS TROMMELN AUF.

POK
WAS IST, DASS DU MICH SO ANSIEHST?
WAS? SPRICH!
IIIIIIIAAHA
AAAHH
DANN BIN ICH DAVONGERITTEN, IMMER GERADE AUS, BIS ZUM MORGENGRAUEN.
FLIPI FLIPA
!?!

MMMM...
DU ENT-TÄUSCHST MICH, WEISST DU DAS?
?
FLIPI FLIPA
!?!
MAN ENTLEDIGT SICH NICHT EINFACH SO SEINER FREUNDE, SCHLIESSLICH VERBINDET UNS EINE BESONDERE KOMPLIZEN-SCHAFT...
DARF ICH DIR DEN ZAR DER KROKODILE VORSTEL-LEN? KEINE ANGST, ER IST EIN KOLLEGE UND HAT IM ÜBRIGEN SCHON GESPEIST.
WIR SIND UNZERTRENN-LICH, UND NICHT MAL EINE IDIOTIN MIT AMULETT UND KANONENPULVER WIRD UNS AUSEINANDERBRINGEN.
FOLGE MIR AUF DIE ANDERE SEITE DES WASSERVORHANGS.

!?
FLIPI FLIPA
SALOMON, DER KÖNIG ISRAELS, UND MAKÉDA, DIE KÖNIGIN VON SABA.
DIE ALTE LIAISON VON MACHT UND SCHÖNHEIT. ERKENNST DU EUCH: DICH UND MAKÉDA? ES GIBT KEINEN ZUFALL!
TOK
CRISTOVÃO DA GAMA ESTIVE AQUI NO ANNO DE GRAÇA DE 1541
DU SOLLST ERFÜLLEN, WAS GESCHRIEBEN STEHT: EINER WIRD KOMMEN, SICH NEU MIT MAKÉDA VERMÄHLEN, DAS KÖNIGREICH VON SABA WIEDERERRICHTEN UND DEN USURPATOR VERJAGEN.
DU BIST AUSERKOREN, DAS GOLDENE ZEITALTER WIEDERHERZUSTELLEN, DAMIT WIEDER MILCH UND HONIG FLIESSEN UND IN DEN FLUSSBETTEN SMARAGDE UND SAPHIRE GLÄNZEN, DAMIT EINHORN, GREIF UND LÖWE EINTRÄCHTIG MIT DER GAZELLE SPIELEN ... UND DAMIT ES WEDER ARMUT NOCH HABSUCHT NOCH SPALTUNG NOCH KNECHTSCHAFT GIBT.
LEG DEINE RÜSTUNG WIEDER AN, JOHANNES, DER DU DEREINST DER V. GENANNT WERDEN WIRST, UND MACHE DICH AUF, DEIN KÖNIGREICH ZURÜCKZUEROBERN.
WIE TRAURIG MEIN FEHLENDES AUGENLICHT, WELCH EINE STOLZE GESTALT DU HABEN MUSST, EDLER KRIEGER ...
ABER DAS WICHTIGSTE FEHLT NOCH ...
IHRE KRONE, MAJESTÄT ...

MIT DER WEISSAGUNG DES SCHAKALS IM KOPF BRACH ICH AUF NACH ENTOTTO. ENDLICH KANNTE ICH DEN SINN MEINER IRRUNGEN UND WIRRUNGEN, DAS ZIEL MEINER EWIGEN FLUCHT.
ICH WOLLTE MEIN REICH ZURÜCKEROBERN, MEIN VOLK BEFREIEN UND EIN NEUES GOLDENES ZEITALTER BEGRÜNDEN ... ANDERS GESAGT: ICH WAR VÖLLIG DURCHGEDREHT ...
!?!
KRIEGER! SCHLIESST EUCH MEINEM KAMPF AN! WIR WERDEN DEN USURPATOR VERTREIBEN UND EINE NEUE WELT ERRICHTEN!
BRAOOOMM
COMPTOIR DU HARAR

HOOO!?! ICH REDE MIT EUCH!
ABER? DEIN HUT!!
ZEIG MIR DEINEN DECKEL, SHIFTA.
KEIN ZWEIFEL, DER CHAPEAU VON RIMBAUD.
IHR WEGELAGERER! SOLANGE ICH LEBE, WIRD NIEMAND DIESEN CHAPEAU STEHLEN!
ZZZZZZZ
AARHH?
TSCHOCK
TSCHOCK
TSCHOCK
TSCHOCK
WIE GESCHIEHT MIR? AU! ... MACHT ETWAS!
KRUUIIIK
VANITAS VANITATUM ET OMNIA VANITAS ...
BUCH SALOMON 1, VERS 2.

WIE SCHÖN DU BIST, DU RITTER VON DER TRAURIGEN GESTALT.
SO MUSS ES SEIN, WENN MAN DEN KOPF VERLIERT.
VERFLUCHTER SCHAKAL, DU HAST MICH BESESSEN!
JA KLAR HABE ICH DICH BESESSEN! DAS TUN DÄMONEN NUN MAL. SELTEN HABE ICH MICH SO VERGNÜGT WIE BEI DIR.
DU HAST AN DIE GESCHICHTEN GEGLAUBT, NICHT WAHR?
AUTSCH!
TONK
BIN ICH JETZT TOT ODER NOCH LEBENDIG?
OFFIZIELL, FÜR DIE MENSCHEN, BIST DU TOT, ABER FÜR UNS, DIE ZAREN, LEBST DU.
DEINE KRONE, MAJESTÄT!
WARUM HABT IHR AUSGERECHNET MICH AUSERKOREN?
ZUFALL – HERR SCHUFALL!
UND FÜR WIE LANGE?
DAS BESTIMME NICHT ICH.
WER DANN?
DIESBEZÜGLICH VERWEISE ICH AUF MEINE SCHWEIGEPFLICHT, ERINNERE AN DIE VERTRAUENSKLAUSEL …
PSSST…
DAS IST NICHT ALLES. EIN UNWETTER IST IM ANMARSCH.
ADIEU, MEIN FREUND.
HE! KOMM ZURÜCK!
Die Haut auf meinem Kopf trocknet aus.
Mitleid! Herr! Ich habe Angst. Ich habe Durst, großen Durst!
Ah, die Kindheit, das Gras, der Regen, Pfützen
auf dem Pflaster, das Mondlicht,
wenn die Turmuhr zwölf schlug… der Teufel steckt
Im Glockenturm wenn die Stunde zwölf schlägt. Maria. Heilige Jungfrau!
Abgrund meiner Dummheit.
HENASCH?

DIE MONATE VERGINGEN ...
GENUG GEARBEITET FÜR HEUTE, GEH JETZT NACH HAUSE!
SAG MAKÉDA, WIE WIRD DEIN KIND HEISSEN?
DIE ALTE HALAYA HAT MIR GESAGT, DASS ES EIN JUNGE WIRD. ICH WERDE IHN SALOMON NENNEN.
IM SELBEN MOMENT LEGT IM HAFEN VON ADEN EIN DAMPFER AB, MACHT SICH AUF DEN WEG NACH KAIRO ...
DJAMI, NIMM DEN SCHIRM WEG!
OH, SEHEN SIE, DER GLEICHE HUT WIE ABDU RIMBO!
DU HAST RECHT DJAMI, MAN KÖNNTE MEINEN, DAS SEI DER HUT, DEN ICH NIE BEKOMMEN HABE ...
OTEL DE L'UNIVERS
EGAL, ICH HABE SOWIESO KEINEN HUTKOPF.
POOOOOOOOO
Ende

EPILOG

Schon lange bleichen meine Knochen jetzt in der Sonne,
ich, ein lebendig zum Tode Verurteilter.
Zur ewigwährenden Vorhölle.
Ich hatte genügend Zeit, mich zu fragen:
Und die Moral der armsel'gen Geschicht'?
Vielleicht habe ich eine:
Wenn ein blinder Schakal das Wort an Dich richtet,
Tu so, als hörtest Du ihn nicht.

ABFAHRT

Genug gesehen. Das Schaun ist allem Anschein längst begegnet.
Genug gehabt. Den Lärm der Städte, abends, und in der Sonne, und allezeit.
Genug gehört. Das Leben stockt. – O Geräusche und Visionen!
Leidenschaftliche Abfahrt und neuer Lärm!

CHAPEAUX MATS
FEUTRES pour DAMES
PREMIERE MARQUE FRANÇAISE
PILCHARD FILS
Relevé de Factures
M. Rimbaud
1886
PAYE

Die Sitzhaften (Les Assis)

schwarzgeschwollen verhagelt
die augen grün beringt
die wurstfinger um die schenkel gekrallt
die stirn mit zänkischem
ungefähr gesprenkelt

wie blatternarben auf
tattermauern mit anfälliger liebe die lachhaften
gerippe in dicke schwarze

sesselskelette gequetscht
die gichtigen quanten von morgens bis
abends verknotet

: diese schabracken ewig mit ihren sitzen verzopft
sie schnüffeln wie lebendige sonne ihre haut verätzt

oder anders: die nasen an fensterscheiben gepappt
dass der schnee verwelkt
zittern wie kröten ein
jämmerliches tremolo

die sitze sind wohl täter: braun behost
den winkeln ihrer leisten weicht das stroh

die seele dieser alten
sonnen enflammt gewindelt
im flechtwerk der ÄHRE
als das korn noch gärte

die sitzhaften: knie unterm kinn
grüne klavierspieler mit zehn knochen unterm sitz
das nennt sich dann trommeln
diese musiker schlürfen den SOUND
ihrer miesen BARkarolen ihre schädel
äffen das schlingern der liebe nach

aufgepasst
bringt sie nicht zum aufstehen
das wäre der untergang
brummend wie geohr=feigte katzen tauchen sie auf
langsam spreizen sich

ihre schulter blätter
oh WAHNSINN

die hosen bauschen sich um aufgedunsene ärsche
zu hören wäre der lärm ihrer glatzköpfe
die an dunklen mauern zerplatzen
ihre vertwisteten füße
schlagen an schlagen an …

und die knöpfe ihrer röcke sind raubtierpupillen
ziehen eure blicke aus den schwarzen
löchern der
korridore

last not least ist da
ihre hand
unsichtbar tödlich
kommen sie zurück filtert ihr blick das schwarze
gift das du in den kuschaugen
geprügelter hündinnen entdecken
kannst

und dir kommt der schweiß
bist gefangen in furchtbaren trichtern …

die ruhe wiederhergestellt
die fäuste wieder ertrunken in dreckigen manschetten
schwelgen sie gedank/lich von denen
die sie hochbrachten
und von abends bis morgens nur ein thema:
die trauben ihrer halsdrüsen
die unter dem kinn zum
krepieren ansetzen …
wenn der unerbittliche schlaf ihre visiere versiegelt
träumen sie
in ihre arme gesackt
von besAMTen sitzen
von der ganz großen leidenschaft
mit sesselchen
die hochnäsige büroräume

besetzen
: tintenblumen ejakulieren kommapollen
und lullen sie ein

verkauert faltern sie dann um blumenkelche
wie die libelle um den rand der gladiole
– und ihr glied reibt sich aufgeregt am
st=engel …

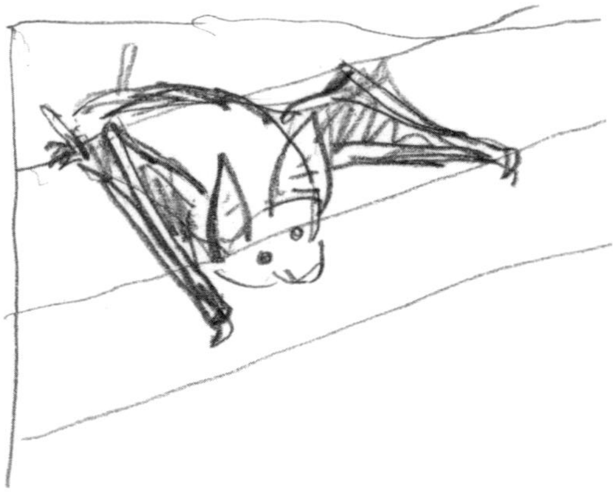

ABEND=ANDACHT (ORAISON DU SOIR)

Ich lebe
sesshaftig wie
ein Engel unter Barbier-
händen, einen Bierkrug mit dicken
Furchen in der Faust, Hypogastrum & Hals
gewölbt, Mutz im Gebiss, in der Atmosphäre un-
fassbarer Schleier

Tausend Träume,
wie die heiße Scheiße
alter Taubenschläge, verpassen
mir süße Brandblasen. Mein Trübsinns-
Herz ist von Fall zu Fall ein Birkenscheit,
besudelt vom dunklen Goldschnodder kranker Triebe.

Spät, mein Geträum
in bester Manier verschluckt,
konvertiere ich, nach zirka 30 oder 40 Humpen,
und meditiere auf das scharfe Bedürfnis, das ins Freie drängt:

Sanft wie
der Herr der Zedern & Ysopen
pisse ich gegen die braunen Himmel
– very far & very high –

unterm Beifall der großen Heliotropen. . .

Abschied (Adieu)

Schon Herbst! – Aber warum einer ewigen Sonne nachtrauern,
wo wir doch just mit der Entdeckung der kosmischen Klarheit begonnen haben? –
Wir gehören nicht zu den Leuten, die an den Jahreszeiten sterben.
Herbst. Unser Schiff ragt aus stehendem Nebel, es steuert auf den Hafen des Elends zu,
auf die große Stadt mit ihrem von Feuer und Dreck gefleckten Himmel.
AH! Faulige Lumpen, von Regen vermatschtes Brot, Trunksucht, tausend Lieben, die mich gerädert!
Sie wird also niemals ruhen, diese GHULkönigin von Millionen Seelen und toten Leibern,
die sind schon verworfen!
Ich sehe mich noch einmal, die Haut von Dreck und Pest zerfressen, Haare und Achselhöhlen
voller Maden und im Herzen noch dickere Würmer, ausgesetzt unter Unbekannten ohne Alter,
ohne Gefühl … Ich hätte hier sterben können …
Diese furchtbare Erinnerung!
Ich exkrementiere das Leid.
Und mir graut vor dem Winter, das ist die trostlose Zeit der GEMÜTlichkeit!
– Manchmal sehe ich am Himmel endlose Strände, bevölkert von weißen, ausgelassenen Rassen.
Über mir lässt ein großes, goldnes Schiff seine vielfarbenen Fahnen in der Morgenbrise flattern.
Ich war der Schöpfer aller Feste, aller Siege, aller Dramen.
Ich wollte neue Blumen erfinden, neue Sterne, neue Sinneslüste, neue Sprachen.
Na ja! Ich muss meine Einbildungen und Erinnerungen begraben.
Es zerplatzt die schöne Seifenblase aus Artisten- und Erzählerruhm!
Ich, der ich mich für einen Magier oder Engel hielt, abseits aller Moral, bin auf dem Boden gelandet;
eine Auf=gabe soll ich mir suchen und die raue Wirklichkeit umarmen! Bauerntölpel!
Bin ich in die Falle gegangen? Ist die Wendung zu den Menschen meine Todes=Schwester?
Zum Schluss bitte ich um Nachsicht, wenn ich mich von der Lüge genährt habe. Und weiter gehts.
Aber nirgends eine freundliche Hand! Wo kann ich Hilfe finden?

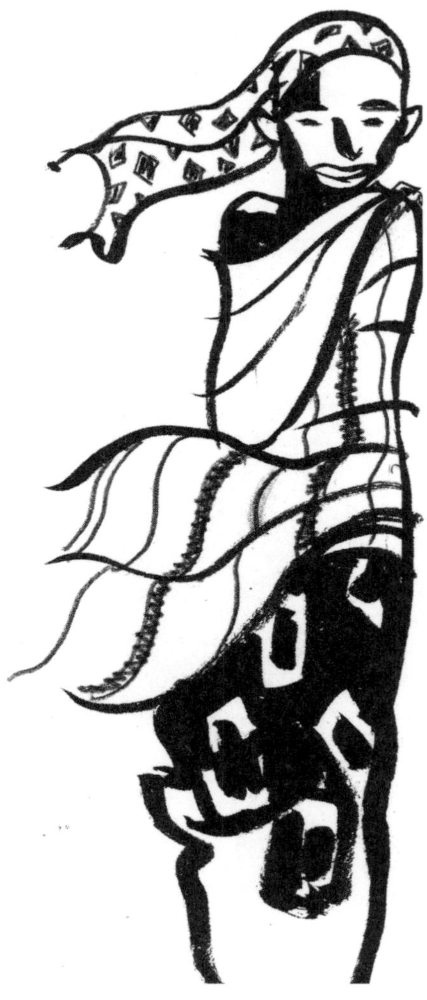

Am Donnerstag, den 15. April 2010, als wir bereits die Fahnen des Comics zum Druck geben wollten, erfuhr ich von der Sensation: Jemand hatte ein Foto gefunden, das angeblich Arthur Rimbaud auf der Terrasse des Hotel de l'Univers in Aden zeigt. Erstmals sah man Rimbaud als erwachsenen Mann. Auf dem Bild hatte Rimbaud eine kleine Nase, mein Rimbaud hatte eine große Nase. Aber ich wollte ihn ja auch nicht porträtieren, sondern an ihn erinnern. Und außerdem: Ich mag keine kleinen Nasen zeichnen.

Christian Straboni

Pariser Orgie oder: Paris verpöbelt sich wieder (L'Orgie Parisienne ou Paris se Repeuple)

Schlappschwänze, da habt ihr sie!
Würgt euch aus den Bahnhöfen!
Die Sonne fegte mit Feuerlungen die Boulevards
wo eines Abends die Barbaren überschnappten.
Bitte=schön: die hochheilige Stadt, sie liegt im Okzident!

HOPP! Künftige Feuers=Brünste werden im Keim erstickt –
Bitte=schön: die Quais Boulevards die Häuser
auf luftigem Azur, das irrlichtert –
eines Abends vom Rot der Bomben besternt!

Schiebt die abgekratzten Paläste hinter die Bretterzäune!
Der verzogene Tag des Chaos hat
eure Pupillen aufpoliert.
Sieh da, die fuchsrote Schar der Hüftverheddrer:
Spielt verrückt, was für ein Witz euch flippen zu sehen!

Meuten brünstiger Hündinnen Kataplasmen fressend
GOLDhäuser geilen nach euch! Rafft! PrassT
Es ist die Freudennacht der tiefen Spasmen
die in die Straße schwemmt.

O desolate Säufer, sauft!
Wenn erst das Licht kommt,
dicht und närrisch an euren Flanken triefenden
Luxus aufwühlt
wollt ihr dann wortlos, katatonisch
in eure Gläser sabbern und
eure verlorenen Augen in fernen HELLEN suhlen?

Gurgelt: Auf die Königin mit dem Terrassen=Arsch!
Lauscht dem Trommelfell=Feuer beknackter Hickser!
Hört in den heißen Nächten
meckernde Idioten SÄTZE machen
Knacker Hampler Speichel=Lecker!

Zotige Herzen, franslige Fressen
Macht RABATZ, ihr Jauche=Goschen!
Einen Wein diesen ekligen Krampfern auf die Tische ...
Eure Wänste vor Schande geschmolzen, ihr Sieger!
Sperrangelweit eure Nüstern dem prächtigen Brechreiz!
Tränkt mit kräftigen Giften die Schlingen um eure Hälse!
Auf eure Baby=Nacken die gefalteten Hände
gesenkt, souffliert der Poet:
„Schlapp=Schwänze, spielt verrückt!

Weil ihr den Bauch der FRAU durchwühlt
habt ihr Angst, ihre Konvulsion kehrte wieder, schreiend
in schrecklicher Pressung eure infame Brut
auf ihrer Brust erdrosselnd.

Syphilitiker Irre Könige
Hampel=Männer Bauch=Redner:
Was macht das alles der METZE Paris?
Eure Seelen & Leiber
Eure Gifte & Lumpen ?
Sie schüttelt euch AB, griesgrämigen Moder!

Und seid ihr endlich DOWN
greinend über euren Innereien
mit toten Flanken, völlig aufgebracht eure Piepen reklamierend
dann wird die rote Kurtisane mit kampfesschwangren Brüsten
– abseits eurem stumpfen Rausch –
ihre wilden Fäuste schwingen!

Als deine Füße noch stampften so wild
in dem Wüten, Paris! Von so vielen Messerstichen
schon getroffen, als du fielst
hielt sich in deinen Lichtpupillen der Funken
der Schönheit eines wilden Lenz ...

O schmerzensreiche Stadt!
O quasi tote Stadt!

Den Kopf und die Doppel=Brust in die Zukunft geworfen
über deine Blässe öffnen sich Milliarden von Pforten
Stadt, die dunkle Vergangenheit adeln könnte:

Körper neu magnetisiert für enorme Pein, du
schlürfst wieder das entsetzliche Leben! Spürst
den Flux aschgrauer Maden in den Venen und auf
deinem hellen Eros Eis=Finger fummeln!

Und das ist nicht schlimm. Die Würmer, die aschgrauen
Würmer, drosseln nicht deinen Fortschritt=Atem,
die Sauger der Stryx löschten nicht das Auge der
Karyatiden, wo Astral=Gold=Tränen aus blauen Skalen fallen."

Wohl grässlich, dich so zugerichtet zu sehen! Nie hat
man aus einer Stadt einen größeren Pest=Schanker
gemacht in grüner Natur. Aber
der Poet sagt dir: „Strahlend ist deine Schönheit!"

Unwetter salbten dich mit äußerster Poesie,
maßloser Aufruhr der Kräfte schüttelte dich.
Dein Werk ist am Kochen, der Tod grollt. Erwählte Stadt!
Massiere das Schrillen im Herz des dumpfen Klar=Horns.

Der Poet wird den Schluchzer der Aussätzigen fassen,
den Hass der Sträflinge, die Klage der Verschrienen,
seine Liebes=Strahlen peitschen die Frauen.
Seine Strophen gehen in die Luft! Heran! Heran! Banditen!
–GEMEINschaft, ganz beim alten – die Orgien
schniefen ihr altes Röcheln in den Bordellen – wie gehabt:

... und die Glaslampen im Delir an blutroten Mauern
flammen unheilvoll gegen die fahlen AZUREN!

Mai 1871

LE BOSPHORE ÉGYPTIEN

Brief von Arthur Rimbaud an die Redaktion. Ausgabe vom Donnerstag, 25. August 1887

M. RIMBAUD
in Harar und in Schoa.

M. Rimbaud, der wohlbekannte französische Reisende, dessen Ankunft in Kairo wir angekündigt hatten, übersendet folgenden Brief, der von großem Interesse ist und noch völlig unbekannte Auskünfte über Harar und Schoa enthält.

Monsieur,

Von einer Reise aus Abessinien und Harar zurückgekehrt, habe ich mir erlaubt, Ihnen die folgenden Aufzeichnungen über den augenblicklichen Stand der Dinge in dieser Region zu übermitteln. Ich denke, dass sie einige unbekannte Auskünfte enthalten, und was die darin geäußerten Meinungen anbelangt, so beruhen sie auf Erfahrungen aus einem über siebenjährigen Aufenthalt vor Ort.
Da es sich um eine Rundreise von Obock über Schoa, Harar und Zeilah handelt, gestatten Sie mir zu erläutern, dass ich zu Beginn des vergangenen Jahres nach Tadjoura hinuntergefahren bin, mit dem Ziel, dort eine Karawane nach Schoa auf die Beine zu stellen.

Meine Karawane bestand aus einigen tausend Perkussionsschlossgewehren und einer Bestellung von Werkzeugen und verschiedenen Ausrüstungen für König Menelik. Sie wurde ein ganzes Jahr lang von den Danakilen in Tadjoura aufgehalten, was diese mit allen Reisenden so handhaben und denen sie ihre Wege erst dann freigeben, wenn sie sie so viel wie möglich ausgepresst haben. Eine andere Karawane, deren Waren mit den meinen in Tadjoura eingetroffen waren, hat es erst nach über fünfzehn Monaten geschafft, aufzubrechen, und die tausend Remingtons, die von dem verstorbenen Soleillet dorthin gebracht wurden, vergammeln auch nach neunzehn Monaten noch immer in dem einzigen Palmenhain des Dorfes. Sechs kurze Etappen von Tadjoura entfernt, ungefähr nach sechzig Kilometern, steigen die Karawanen zum Salzsee hinab, auf schauerlichen Wegen, durch wahre Mondlandschaften.

[...]

Unsere Route wird die Gobad-Route genannt, der Name ihrer fünfzehnten Station, wo für gewöhnlich die Herden der Debne, unserer Verbündeten, weiden. Sie umfasst insgesamt 23 Stationen, bis nach Herer, durch die grässlichsten Landschaften Ost-Afrikas. Sie ist ziemlich gefährlich aufgrund der Tatsache, dass sich die Debne, einer der elendsten Stämme nebenher bemerkt, die den Transport bewerkstelligen, ewig im Krieg befinden, zu ihrer Rechten mit den Moudeitos- und Assa Imara-Stämmen, und zu ihrer Linken mit den Issa Somali. In Herer, einem Weideland auf einer Anhöhe von ungefähr 800 Metern, ungefähr sechzig Kilometer vom Fuße der Hochebene der Ito Gallas entfernt, weiden die Danakilen und die Issas ihre Herden im Allgemeinen in aller Friedfertigkeit gegeneinander.
Von Herer gelangt man in acht oder neun Tagen zum Hawasch. Menelik hat sich entschlossen, in der Herer-Ebene zum Schutz der Karawanen einen bewaffneten Posten zu errichten; dieser Posten wäre mit denen der Abessinier in den Itous-Bergen verbunden.
Der Vertreter des Königs in Harar, der Dedjazmatche Mekunenn, hat auf dem Weg von Harar nach Schoa über Herer die drei Millionen Remington-Kartuschen und andere Munition abtransportiert, welche die ägyptischen Truppen während ihres Abzugs auf Veranlassung der englischen Kommissare zugunsten des Emir Abdullah dort hatten zurücklassen müssen.
Diese ganze Route ist von Monsieur Jules Borelli zum ersten Mal astronomisch vermessen worden, im Mai 1886, und diese Arbeit schließt geodätisch an die Topographie parallel zu den Itous-Bergen an, die er während einer vor kurzem unternommenen Reise nach Harar erstellt hat.
Trifft man am Hawasch ein, so ist man überrascht, wenn man sich ins Gedächtnis ruft, welche Kanalisierungsvorhaben manche Reisende hier ins Auge gefasst haben. Der arme Soleillet hatte in dieser Absicht den Bau eines Spezialbootes in Nantes in Auftrag gegeben! Der Hawasch ist eine gewundene und alle paar Schritte von Bäumen und Felsen verstopfte Rinne: Ich habe ihn an verschiedenen, mehrere hundert Kilometer voneinander entfernt gelegenen Stellen überquert, und es ist offensichtlich, dass es unmöglich ist, ihn hinabzufahren, selbst bei Hochwasser. Im Übrigen ist er überall von Wäldern oder Wüsten gesäumt, weit entfernt von den Handelszentren und an keine Route angebunden. Menelik hat zwei Brücken über den Hawasch bauen lassen, eine auf der Route nach Entotto in Gouragne, eine zweite auf der Route von Ankober nach Harar durch das Gebiet der Itous. Es sind einfache Stege aus Baumstämmen, die dem Übersetzen der Truppen in der Regenzeit und bei Hochwasser dienlich sein sollen, für Schoa sind dies gleichwohl bemerkenswerte Baumaßnahmen.

– Nach Begleichung aller Kosten bei meiner Ankunft in Schoa ergab sich, dass mich der Transport meiner Waren, einhundert Kamelladungen, achttausend Thaler kosten sollte, was 80 Thaler pro Kamel macht, für eine Strecke von nur fünfhundert Kilometern. Ein solches Verhältnis wird auf keiner anderen afrikanischen Karawanenstraße erreicht: Dabei war ich so wirtschaftlich wie nur möglich unterwegs und mit einer langjährigen Erfahrung in diesen Gegenden. In jeder Hinsicht ist diese Route ein Desaster ...

(Fortsetzung folgt)

Die vollständige Korrespondenz Arthur Rimbauds erscheint 2012 bei Matthes & Seitz Berlin in der Übersetzung von Tim Trzaskalik, mit Anmerkungen von Jean-Jacques Lefrère und Tim Trzaskalik. Informationen und Subskription unter rimbaud@matthes-seitz-berlin.de

Jede Erklärung im Comic stört. Ein paar Hinweise:

Franguis (frz: Frangis, S. 10 und S. 52) nannten die Einheimischen in Nordafrika die Franzosen zur Zeit der Kolonialherrschaft.

Tedj (S. 15) ist eine äthiopische Spezialität, eine Art Honigwein; zur Gärung werden Stängel des Gesho-Strauchs beigefügt.

Qat (S. 9): Die Blätter des Qat-, Quat- oder auch Kathstrauchs sind nicht nur in Äthiopien eine Alltagsdroge.
Qat-Kauer erkennt man oft an der Hamsterbacke.

Bagno (S.14): Bezeichnung für eine Strafanstalt, auch in den französischen Kolonien.

„Le temps des cérises“ (dt: Zeit der Kirschen, S. 21) ist ein Chanson von Jean-Baptiste Clément aus dem Jahr 1866, das der Autor nachträglich, 1871, einer während des Aufstands der Commune getöteten Krankenschwester widmete. Der Text erzählt vordergründig von einer verlorenen Liebe, wurde aber vielfach als Erinnerungslied an den gescheiterten Aufstand gelesen, zumal sich die ‚Blutige Maiwoche‘ 1871 zur Zeit der Kirschblüte ereignete.

Die deutschen Übertragungen aller abgedruckten Rimbaud-Verse stammen aus:
Arthur Rimbaud, „Das poetische Werk“, aus dem Französischen von Rainer G. Schmidt und Hans Therre, München 1979/1988.

Erste Auflage Berlin 2011

Göhrener Str. 7 | 10437 Berlin | info@matthes-seitz-berlin.de

Druck und Bindung: Friedrich Pustet, Regensburg

ISBN 978-3-88221-556-4

www.straboni.com
www.akileos.com
www.matthes-seitz-berlin.de

AFRIQUE ORIENTALE. — BAIE DE T